Meine Lieblingsorte

Evangelische Inselkirche [B2]

5

Norderney heißt die Insel und genauso auch die Inselstadt. Diese kann ganz schön lebhaft sein. Da tut ein Ruhepol gut und den bietet die Inselkirche. Einfach eintreten, Platz nehmen und die magische Stille auf die gereizten Sinne wirken lassen. Die quirlige Stadt scheint hier ganz weit weg zu sein (s. S. 25).

001no Abb.: mux

080no Abb.: hj

10

Georgshöhe [B2]

Wirklich hoch ist sie nicht, diese Georgshöhe, wer aber den feinen Badestrand der Stadt in seiner ganzen Herrlichkeit einmal von oben bestaunen will, muss hier hinauf. Wunderbar erstreckt er sich unterhalb der Höhe, verbreitert sich auf 100 oder noch mehr Meter, ist mit Strandkörben gesprenkelt und wird von lässigen Terrassenlokalen flankiert. Hier kommt man zum Sonnenbaden her und lässt den lieben Gott einen guten Mann sein (s. S. 28).

Oststrand beim Wrack [J1]

24

Ein Platz weit ab vom Schuss, hier ist man ganz allein mit sich und der Natur. Man lauscht einer ewig gleichen Melodie aus Meeresrauschen, begleitet vom Krächzen der Möwen – ansonsten: nichts. Der Strand scheint endlos und wer die große Einsamkeit sucht, ist hier goldrichtig (s. S. 39)!

003no Abb.: mux

004no Abb.: mux

Aussichtsdüne Dünensender

Knapp außerhalb des Stadtgebiets erhebt sich diese Aussichtsdüne, die wunderschön inmitten der Dünenlandschaft liegt. Oben kann man sich kaum sattsehen an einem herrlichen Rundumblick über die ganze Insel. Man erkennt weit hinten in der Ferne Bauten und Orte, staunt über so viel geballte Naturschönheit und genießt eine nie gekannte Stille (s. S. 99).

Insel|Trip

Liebe Grüße ...

... von der Fähre

Wann beginnt ein Inselurlaub? Na, bereits auf der Fähre! Schon mit dem Entern derselben macht sich ein wohliges Gefühl breit. Einen Platz an Oberdeck gesucht, die Nase in die Sonne gehalten und los geht es! Der Wind verweht das Haar, Möwen begleiten einen kreischend, Entspannung schleicht sich in die Gesichter. Urlaubsbeginn!

... vom Frieseneis

Unscheinbar steht sie da, die kleine Eisbude im Park, aber die lange Schlange zeigt schon: Hier gibt es Speiseeis zum Niederknien. Der Besuch hier gehört zum Pflichtprogramm bei jedem Stadtbummel. Eine riesige Kugel in der Waffel, obendrauf eine himmlische Soße und als Topping schließlich noch gesalzener Karamell mit Zimtbröseln – das hat Suchtpotenzial (s. S. 85)!

... vom Sonnenuntergang am Weststrand

Ein herrlicher Sonnentag neigt sich dem Ende zu. Warme, laue Luft umschmeichelt einen. Der Himmel putzt sich noch heraus, zeigt sich strahlend blau oder mit ein paar hingetupften Wolken. Die Sonne macht sich bettfertig, nähert sich dem Horizont, changiert langsam von Gelb ins Rötliche. Wir hocken alle mit einem Getränk in der Hand am Weststrand und warten auf den magischen Moment. Ein Segelboot schippert wie bestellt vorbei. Es ist so traumhaft schön, dass es beinahe wehtut (s. S. 56).

... von der Teezeremonie

Ostfriesland ohne Tee? Geht gar nicht! Wie aber trinkt man Tee „richtig ostfriesisch"? Wird zuerst die Sahne in die Tasse gegossen und dann der Tee? Oder doch umgekehrt? Und wann muss der Kluntje hinein? Fragen über Fragen, man will ja schließlich nichts falsch machen. Also ab zur Teezeremonie (s. S. 35)!

Norderney

Wie Perlen auf einer Schnur liegen sie in der Nordsee, die **Ostfriesischen Inseln**. Eine davon ist Norderney, ein Eiland, das überrascht. Allein schon die Annäherung: Gemächlich schwimmt die Fähre vom Festland hinüber. Seehunde räkeln sich gemütlich auf einer Sandbank, Möwen segeln lässig vorbei und begrüßen uns krächzend. Und so **entschleunigt** geht es auch nach der Ankunft weiter. Auf Norderney wird nämlich **viel geradelt**, Autos müssen zurückstecken. Schon von der Fähre staune ich über die schier endlosen **Sandstrände**, hinter denen sich Häuser mit traumhaftem Meerblick erheben, viele noch in historischem Glanz. Ich sehe auch die **Dünenketten**, die gleich hinterm Ortsrand beginnen.

Norderney, das ist nicht nur eine Insel, sondern auch eine **lebhafte Kleinstadt** mit ganz viel Natur in der Nachbarschaft. Eben war ich noch auf der Shoppingmeile im Zentrum unterwegs, dann gab es ein Fischbrötchen in die Hand und nun geht es auf Wanderschaft durch tief eingeschnittene Dünentäler, die ein nimmermüder Wind modelliert hat. Und dann erst die schneeweißen Strände! Kilometerweit kann ich hier laufen, begleitet von hoch aufragenden Dünen. Je weiter weg vom Ort, desto einsamer wird es. Ich kann mich kaum sattsehen an dieser **urwüchsigen Natur** und den kitschig-schönen Sonnenuntergängen. Wenn mir doch mal mehr nach Unterhaltung ist, geht es ins Kurtheater. Dort findet ein Kulturprogramm statt, von dem sich andere Städte eine Scheibe abschneiden könnten. Ja, auf Norderney verbindet sich quirliges, urbanes Leben mit der stillen Einsamkeit einer Urlandschaft.

081no Abb.: h)

Der Autor und die Fotografin

Hans-Jürgen Fründt konnte noch nicht mal laufen, da reiste er schon das erste Mal an die Nordsee, so erzählen es jedenfalls seine Eltern. Das frühkindliche Krabbeln in den Dünen muss prägend gewesen sein, denn als Schleswig-Holsteiner Jung zog es ihn immer wieder an die Küste, am liebsten an die Nordsee. Seit 1982 arbeitet er als Reisebuchautor, mittlerweile sind über 50 Bücher von ihm erschienen, die meisten im REISE KNOW-HOW Verlag, darunter auch zwei Titel zu Sylt und weitere zu den Küsten Norddeutschlands: „Ostseeküste Schleswig-Holstein", „Nordseeküste Schleswig-Holstein", „Fehmarn" und „Plattdüütsch – Das echte Norddeutsch". Außerdem veröffentlichte Fründt mehrere Titel zu seiner „zweiten Heimat", Spanien.

Susanne Muxfeldt begleitet den Autor fotografisch seit vielen Jahren – auch und gerade an die Nordsee. Jedes Mal ist sie erneut begeistert vom wechselhaften Licht und der Vielfalt der fotografischen Motive zwischen Dünen, Strand und historischen Bauten.

Inhalt

Zeichenerklärung

★★★ nicht verpassen
★★ besonders sehenswert
★ wichtig für speziell
interessierte Besucher

[A1] Planquadrat im Kartenmaterial. Orte ohne diese Angabe liegen außerhalb unserer Karten. Ihre Lage kann aber wie die von allen Ortsmarken mithilfe der begleitenden Web-App angezeigt werden (s. S. 143).

Updates zum Buch

www.reise-know-how.de/
inseltrip/norderney20

◁ *Baywatch à la Norderney (010no Abb.: mux)*

Benutzungshinweise

Orientierungssystem

Die in den folgenden Kapiteln beschriebenen Attraktionen sind mit einer **fortlaufenden magentafarbenen Nummer** gekennzeichnet, die sich als Ortsmarke im Faltplan wiederfindet. Steht die Nummer im Fließtext, verweist sie auf die Beschreibung dieser Attraktion.

Die Angabe in **eckigen Klammern** verweist auf das Planquadrat im Faltplan. Beispiel:

❶ **Conversationshaus** ⭐⭐ [B2]

Alle weiteren Points of Interest wie Unterkünfte, Restaurants oder Cafés sind mit einer Nummer in **spitzen Klammern** versehen. Anhand dieser eindeutigen Nummer können die Orte in unseren speziell aufbereiteten Satellitenkarten unter www.reise-know-how.de/inseltrip/norderney20 lokalisiert werden.

Beginnen die Points of Interest mit einem **farbigen Quadrat**, so sind sie zusätzlich im jeweiligen Detailplan eingezeichnet. Beispiel:

▪ **Moi Reev** <081>

Preiskategorien

Unterkünfte

Preise für ein Doppelzimmer mit Frühstück

€	bis 50 €
€€	50 – 100 €
€€€	über 100 €

Gastronomie

Preise für ein Hauptgericht ohne Getränke

€	unter 15 €
€€	15 – 25 €
€€€	über 25 €

Vorwahlen

❯ **Vorwahl Deutschland:** 0049
❯ **Vorwahl Norderney:** 04932

Bewertung der Attraktionen

⭐⭐⭐	nicht verpassen
⭐⭐	besonders sehenswert
⭐	wichtig für speziell interessierte Besucher

NORDERNEY ENTDECKEN

011no Abb.: mux

Norderney im Überblick

Norderney ist eine der sieben **Ost-friesischen Nordseeinseln.** Sie ist zwar nicht die größte Insel, aber diejenige mit dem stärksten **städti-schen Charakter,** was allerdings nur für den Inselort gilt, dem größten al-ler sieben Inseln. Wer die Stadt ver-lässt, erreicht sogleich eine andere Welt, nämlich eine beeindruckende **Naturlandschaft** von bezaubernder Schönheit.

Die Insel misst 14 Kilometer in der Länge und sie ist etwa 2 Kilometer breit. Ganz im Westen liegt der **In-selort,** der immerhin 6200 Einwoh-ner zählt. Von der Einwohnerzahl ist er also schon mal vergleichbar mit ei-ner Kleinstadt, von der Bausubstanz ebenfalls. Was das Angebot an Ge-schäften, Hotels, Gastronomie und auch Kulturveranstaltungen angeht, kann sich Norderney allerdings mit so mancher deutlich größeren Stadt messen. Das liegt nicht zuletzt an dem ungebrochen großen Zustrom an **Touristen:** Norderney wird von al-len sieben Ostfriesischen Inseln am stärksten besucht. In den Ferien kom-men die Familien, in der Zwischensai-son die Klubs und Vereine, denn auch für feierfreudige Gruppen ist Norder-ney ein erstes Ziel. Der Tourismus hat sowieso eine lange Tradition, schon seit über 200 Jahren kommen Be-sucher auf die Insel, nachdem 1797 das erste Seebad an der deutschen Nordsee gegründet wurde. Im 19. Jh. urlaubte hier sogar das Königshaus Hannover regelmäßig und in dessen Gefolge kamen viele Adelige, hohe Militärs und auch einige Künstler, was dann wiederum verstärkt auch andere Besucher auf die Insel lock-te. Sie alle ließen sich von der Natur-schönheit verzaubern.

◁ *Vorseite: Die letzte ihrer Art – die Windmühle Selden Rüst* ⓯

Über sagenhafte 14 km erstreckt sich ein feinsandiger, breiter **Sandstrand** entlang der gesamten meerzugewandten Seite von West nach Ost. Begrenzt wird er von einem Dünengürtel, durch den nur wenige Wege führen, die meisten sind Fußgängern und Radfahrern vorbehalten. Überhaupt ist das **Autofahren** auf der Insel **stark eingeschränkt.** Zwischen Ostern und Herbstferien werden große Teile der Stadt für Autos gesperrt. Außerhalb des Ortes führt nur eine einzige Straße bis zu einem Parkplatz, der etwa in der Inselmitte liegt. So wirkt Norderney auf viele Gäste auch ein wenig entschleunigend, die – freiwillig oder gezwungenermaßen – zu Radfahrern oder Fußgängern werden. Das kommt wiederum der gesamten Inselatmosphäre zugute. Vielleicht öffnen sich so auch viele Augen für die Naturschönheiten und davon hat Norderney viel zu bieten. In den weiten **Dünentälern** und **-gürteln** erheben sich auch einige **Aussichtsdünen,** von deren Spitze man einen tollen Rundumblick über die Insel hat. Die südliche Inselseite grenzt ans **Wattenmeer,** dort zeigt sich eine ganz andere Seite der Natur. Zweimal am Tag fällt dieses einzigartige Ökosystem trocken, sodass man sogar zu Fuß zum Festland gehen könnte. In früheren Zeiten geschah dies auch regelmäßig, denn so wurden Post und Badegäste in einer Kutsche befördert. Heute bieten diese Touren nur geschulte Wattführer an, niemand möge auf den Gedanken kommen, es einmal alleine zu versuchen!

Norderney bietet also auf relativ überschaubarem Raum eine spannende Mischung aus wunderschöner Natur und quirligem, urbanen Leben, zu dem auch ein veritables Nachtleben gehört.

☑ *Die Westspitze der Insel, wo Nord- und Weststrand sich treffen*

094no Abb.: as©Blickfang

KURZ & KNAPP

Moin Moin – He!

An weiten Teilen der norddeutschen Küste grüßen sich die Menschen mit „Moin Moin", nur auf Norderney nicht. Hier hat sich ein noch kürzerer Gruß etabliert: ein „He!" oder vielleicht auch etwas länger gesprochen: „Hej!". Wieso sich dieser Gruß hier durchsetzen konnte, ist nicht bekannt. Eingefleischte Norderneyer jedenfalls legen Wert auf diese Eigenständigkeit und stellen klar: „Auf dem Festland heißt es ‚Moin Moin', hier auf Norderney ‚He!'". Allerdings, das sei doch zugestanden, hört man auch auf Norderney das für Norddeutschland so typische ‚Moin Moin'. Der Gruß bedeutet auch nicht nur ‚Guten Morgen', wie man meinen könnte. Tatsächlich steht das plattdeutsche Wort ‚Moin' für ‚Morgen', aber es hat auch eine andere Bedeutung. Es leitet sich ab von einem anderen plattdeutschen Wort, nämlich von ‚Moi' oder, je nach Region, ‚Mojn', was für ‚gut' steht. Und so nutzen es viele Küstenbewohner auch noch heute, beispielsweise wenn es heißt „Hüd hebt wi mojen Wind" („Heute haben wir guten Wind"). In diesem Sinne: Moin Moin – He!

013no Abb.: mux

Wie die Insel erkunden?

Norderney ist eine **Fahrradinsel**, Autos spielen hier nur die zweite Geige. Zwar können Pkws mit auf die Insel genommen werden, aber allzu viele Möglichkeiten zum Fahren gibt es nicht. In der Saison zwischen Ostern und Herbstferien sind nämlich weite Teile der Stadt für den Autoverkehr gesperrt. Obendrein gibt es auch nur eine einzige Straße auf der Insel, die von der Stadt in den Inselosten führt. Erreichen kann man so die Strandzone vor dem Lokal Weiße Düne (s. S. 87), den Leuchtturm ㉓, den Golfplatz (s. S. 67), die Campingplätze, eine der beiden Jugendherbergen und den FKK-Strand beim Strandabschnitt Oase (s. S. 58). Der östlichste Punkt ist der **Parkplatz Ostheller,** von wo es nur zu Fuß weitergeht und die Wanderung zum Wrack (s. S. 61) startet.

Radfahrer haben da schon mehr Auswahl. Verschiedene gut unterhaltene und überwiegend gepflasterte **Radwege** verlaufen durch die Dünen bis zum Ostheller, diese Wege müssen sich allerdings Radler mit Fußgängern teilen. Die Wege sind gut ausgeschildert und bei einer Fahrt durch die Dünen nehmen einen die landschaftlichen Schönheiten sofort ein. Obendrein passiert man auch mehrere Aussichtsdünen, von denen zumindest einige nicht mit dem Auto angefahren werden können. Durch die Verkehrssperrung sind im Ort selbst auch immer viele Radler unterwegs. Außerdem fahren viele mit dem Rad zu den Stränden, an den Strandübergängen sind deshalb auch im-

▷ *Auf Norderney wird viel und gern geradelt*

mer reichlich Fahrradständer platziert und dort gibt es so gut wie keine Parkplätze für Autos (Ausnahme: Weiße Düne und Oase).

Zu Fuß kann die Insel natürlich auch erkundet werden, aber dazu sind einige Wege doch arg weit. Dennoch kommt man als Wanderer noch sehr viel stärker in Kontakt mit der Natur, man muss sich allerdings, wie schon gesagt, die meisten Wege mit den Radlern teilen. Wer mal richtig seine Ruhe haben will, der sollte den Strand östlich vom FKK-Strand beim Strandpieper (s. S. 87) aufsuchen und weiter nach Osten Richtung Wrack **㉔** gehen. Dort draußen sind nur wenige Menschen unterwegs.

Zwei **Buslinien** fahren auch in den Inselosten, die Linie 4 fährt bis zur Oase, die Linie 5 bis zur Weißen Düne. Wanderer, die nicht die gesamte Strecke bis dorthin laufen wollen, nehmen diesen Transport meist dankend an, mit einem Fahrrad kann man die Insel aber doch besser und flexibler erkunden.

014no Abb.: mux

Inselsteckbrief

> *Lage:* Die niedersächsische Nordseeinsel Norderney ist die zweitgrößte der sieben bewohnten Ostfriesischen Inseln und liegt als dritte Insel von Westen betrachtet zwischen Juist und Baltrum.

> *Entstehung:* Norderney war kein Teil des Festlandes wie manche der Nordfriesischen Inseln, sondern ist eine Düneninsel. Sie bildete sich nach der letzten Eiszeit aus Sandmassen, die sich durch den beständigen Wind und Wasserströmungen aufschichteten. Später bildeten sich hier Pflanzen, deren lange Wurzeln ein Wandern der Sanddünen einschränkten. Deswegen entwickelte die Insel eine schmale, sehr längliche Ausdehnung, da weiterhin durch den Westwind Sand angespült wird.

> *Fläche:* Die Insel hat eine Fläche von 25 km², sie ist 14 km lang und bis zu 2,5 km breit. An der Westseite verläuft über 14 km durchgehend ein breiter Strand.

> *Einwohner:* Knapp 6200 Menschen leben auf Norderney, die Bevölkerungsdichte beträgt 230 Einwohner pro km², allerdings gibt es mit wenigen Ausnahmen keine Besiedlung außerhalb des Inselortes, der im äußersten Westen liegt und etwa ein Fünftel der Inselfläche einnimmt.

> *Höchste Erhebung:* Die höchste natürliche Erhebung ist die Walter-Großmann-Düne (24,4 m), die unweit der Weißen Düne liegt. Höchstes Bauwerk auf der Insel ist der Leuchtturm mit 60 Metern.

> *Tourismus:* Deutschlands ältestes Nordseeheilbad wurde 1797 gegründet. Rund 544.500 Gäste besuchten die Insel 2017.

Inselort Norderney

Die 6000-Einwohner-Stadt Norderney besteht aus **drei Stadtteilen:** dem zentralen Kern, dem Fischerhafen mit dem benachbarten Gewerbegebiet und der Nordhelmsiedlung im östlichen Ortsteil. Bis Ende des 18. Jahrhunderts war Norderney nur eine arme Fischerinsel, die im Jahr 1797 von genau 563 Menschen in 106 Häusern bewohnt wurde. In diesem Jahr aber wurden die Weichen für eine positive Entwicklung gestellt, die im Grunde noch heute nicht abgeschlossen ist, denn 1797 wurde hier ein **staatliches Seebad** gegründet, und damit kamen **Touristen.**

Die ersten Badegäste mussten entweder bei den Fischern „unterkriechen" oder in mitgebrachten Zelten hausen. Aber es dauerte gar nicht lange und die ersten „besseren" Häuser entstanden für die sommerlichen Badegäste. Vor allem im 19. Jh. kam der Badebetrieb in Schwung, an einigen Häusern baute man eine Veranda an und einen Aufenthalts- und Speiseraum, oft unter Glas. Diese Vorbauten kann man heute noch vielfach im Stadtbild sehen. Neue Häuser im Stil der **Bäderarchitektur** wurden gebaut. Dabei handelt es sich um zwei- bis vierstöckige Häuser mit Balkonen und einer Veranda. Die Fassade wurde gern mit Schmuckelementen (Risalite) verschönert. Viele dieser Gebäude sind noch heute in Weiß gehalten, einige wenige auch in einem Gelbton.

Nach 1870 wurden dann größere Flächen nördlich der Friedrichstraße von der Stadt verkauft und zur Bebauung freigegeben, worauf die Preise stiegen und nur Investoren vom Festland oder reiche Norderneyer zum Zuge kamen. Auf diesen Grund-

stücken baute man dann auch größere Hotels und Pensionen, teilweise stehen dort noch heute sehr schöne Gebäude. Nach Einbrüchen im Ersten und dem Zweiten Weltkrieg ging der Badebetrieb dann in den **1960er-Jahren** so richtig los und abermals wurden neue Häuser gebaut, darunter auch die beiden Hochhäuser am Nordstrand. Verschiedene historische Gebäude der Bäderarchitektur wurden durch damals moderne Zweckbauten ersetzt, was sich heute optisch nicht immer als Vorteil erweist. Trotzdem gibt es heute noch **über 100 denkmalgeschützte Häuser** im Stadtgebiet, darunter Häuser im wilhelminischen Stil, im Jugendstil und in der Tradition der Bäderarchitektur.

Die erste Häuserreihe am Meer ist heute überwiegend von modernen Zweckbauten geprägt, vereinzelt stehen auch noch **historische Gebäude** dazwischen, wie das Hotel Piqué am Weststrand oder die Villa Felicitas am Damenpfad 15. Am Damenpfad findet man noch weitere schicke historische Häuser, vor allem das Gebäude vom Inselloft (Hausnummer 37 – 40) hat eine zauberhafte Veranda mit kleinen Läden und Bistros. Auch in der Kreuzstraße finden sich mehrere schöne Häuser der Bäderarchitektur und entlang der Marienstraße stehen verschiedene Häuser, deren Geschichte sogar auf Gedenktafeln festgehalten ist, z. B. das Wilhelm-Augusta-Heim (Nummer 14), das ursprünglich mal ein Erholungsheim für Lehrerinnen war.

Das **Zentrum** des Ortes befindet sich heute beim Kurplatz mit dem **Conversationshaus ❶**, das noch heute einen gewissen hochherrschaftlichen Glanz ausstrahlt. Aber nur wenige Schritte entfernt wird es bodenständig, die **Shopping-**

015no Abb.: mux

und Kneipenmeile öffnet sich. Viele Geschäfte liegen in der schmalen Strandstraße, aber auch in der Post-, Friedrich- und Jann-Berghaus-Straße, und überall dazwischen gibt es Lokale.

Hotels und Ferienapartments mit **Meerblickzimmer** liegen am Dampfenpfad, in der Viktoriastraße und Kaiserstraße. Etwas außerhalb von diesem Bereich stehen auch Wohnhäuser, bevor dann jenseits der Ellernstraße ein Bereich mit mehreren großflächigen **Grünzonen** kommt, der vom Kurpark über den Friedhof bis zum Kap ❶ reicht. Daran schließt sich die um 1938 ursprünglich für Militärangehörige gebaute **Nordhelmsiedlung** an. Sie liegt im östlichen Bereich der Stadt, war ursprünglich räumlich vom Ort Norderney getrennt und grenzt heute mit der Lippestraße direkt an die Dünenlandschaft. Einige der kleinen Häuser stehen heute noch. Nach dem Zweiten Weltkrieg

wurde dann in dieser Ecke gebaut und mit der Zeit wuchs die Nordhelmsiedlung mit der restlichen Stadt zusammen, deren Grenze ungefähr beim Kap lag. Hier gibt es heute sehr viele Ferienwohnungen, ganz vereinzelt noch in älteren Häusern, aber sehr häufig in topmodern eingerichteten Neubauten. Von diesen Wohnungen haben Feriengäste es nicht weit bis zu den schönen Stränden am Nordbadestrand. Fast alle Straßen dieser Siedlung sind übrigens nach einem deutschen Fluss benannt.

Im südlichen Stadtgebiet von Norderney befinden sich noch das große Hafengebiet und das Gewerbegebiet.

◪ *Eine prachtvolle Villa in der Marienstraße*

Immobilienpreise auf Norderney

Bezüglich der Immobilienpreise gilt Norderney mittlerweile als teure Insel. Hier zeigt sich eine schleichende Entwicklung, die so oder ähnlich auch auf anderen Inseln zu beobachten ist, beispielsweise auf Juist und Föhr und mittlerweile auch auf dem Festland, wie in St. Peter-Ording. Auf Sylt begann diese Entwicklung schon vor vielen Jahren und hat fast schon absurde Züge angenommen. Im dortigen Nobelort Kampen werden freistehende Häuser für mehrere Millionen Euro verkauft, in der Spitze sogar für zweistellige Millionenbeträge. Davon ist man auf Norderney noch weit entfernt, aber die Preise für Wohnungen und Häuser sind auch hier in den letzten Jahren deutlich gestiegen. Vereinzelt fällt dann auch schon mal der Begriff „Syltisierung", was man zuerst auf Föhr benutzte, wo Käufer die Preise hoch trieben, die ihre alte Immobilie auf Sylt mit gutem Gewinn verkauft hatten und nun auf der Nachbarinsel Föhr etwas Größeres suchten.

Die niedrigen Zinsen und für viele Menschen auch die Furcht vor einer ernsten Euro-Krise spielen eine Rolle bei dieser Entwicklung. Auf Norderney ist der Baugrund allerdings begrenzt, eine Bebauungsgrenze verläuft etwa entlang der Lippestraße. Da immer mehr Menschen eine Ferienwohnung oder auch einen Dauerwohnsitz auf der Insel suchen, steigen zwangsläufig auch die Preise. Mit fatalen Folgen für Einheimische mit einem beschränkten Budget. Die durchschnittlichen Preise für eine Eigentumswohnung stiegen in den letzten 30 Jahren von 100.000 € auf 500.000, teilweise auf über 1 Mio. €. Für freistehende Häuser wurden schon Preise von 1,7 Mio. € gezahlt. 2019 berichtete ein bekanntes Maklerunternehmen, dass die Preise auf Norderney für Ferienwohnungen in sehr guten Lagen bei 14.000–18.000 €/m² lägen und damit Sylter Niveau erreichten. Das ist für viele alteingesessene Norderneyer nicht zu stemmen. Für andere da-

016no Abb.: mux

gegen ist es äußerst verlockend, sein eigenes Haus zu verkaufen, denn je nach Lage werden dann zum Teil sogar höhere Preise erzielt als auf Sylt. Und wenn dann ein Projektentwickler diese Immobilie erwirbt, wird meist sofort das alte Haus abgerissen und ein schicker Neubau mit Eigentumswohnungen gebaut. Gut für den Verkäufer, gut für den Projektentwickler, aber schlecht für die Insel, denn diese schicken Wohnungen können sich die wenigsten Insulaner leisten. Bezahlbarer Wohnraum wird somit zu einer knappen Ware.

Bezahlbarer Wohnraum ist aber auch eine wichtige Standortfrage, denn die Servicekräfte, die den Urlaubsbetrieb in den Hotels, Restaurants, Geschäften am Laufen halten, müssen auch irgendwo wohnen. Auf Sylt pendeln Tausende mit dem Zug aufs Festland und auch auf Norderney gibt es Pendler, die jeden Morgen mit der Fähre kommen, aber eine Dauerlösung ist das natürlich nicht. Der Gemeinde ist das Problem sehr wohl bewusst. Appelle an die insularen Immobilienbesitzer, vor einem Verkauf doch an das Gemeinwohl zu denken und nicht nur an den eigenen Profit, verhallen aber angesichts der aufgerufenen Preise vielfach ungehört. Wie sagte es ein Sylter Freund des Autors doch so treffend: „Ich hätte über Nacht Millionär werden können mit dem Verkauf des Elternhauses, dann aber hätte ich auch die Insel verlassen müssen."

◁ *„Schöner Wohnen"*
auf Norderney ist teuer

❶ Conversationshaus ★★ [B2]

Das markante weiße Gebäude steht im Ortskern vor dem Kurpark. Über dem Portal liest man in goldenen Buchstaben „Conversationshaus", dies drückt noch heute den Stellenwert aus, den das Haus bereits vor etwa 200 Jahren hatte.

Heute ist hier die **Touristeninformation** untergebracht, früher war es ein Treffpunkt des gesellschaftlichen Lebens der Sommergäste. Bereits im Jahr 1800, also drei Jahre nach Gründung des Seebades Norderney, wurde ein erstes **Kurhaus** gebaut. Nach historischen Quellen handelte es sich um ein Holzhaus mit einem Strohdach. Untergebracht waren ein kleiner Saal und ein Billardsalon. Im Jahr 1822 wurde das Haus durch ein steinernes Gebäude ersetzt, das in späteren Jahren mehrfach erweitert wurde. Der Vorbau mit den Rundbogenarkaden entstand 1837, der Anbau mit dem Türmchen 1856.

Das Conversationshaus war auch **Logierhaus der Könige von Niedersachsen**. Im Laufe der Zeit entwickelte es sich immer mehr zum **Zentrum des gesellschaftlichen Lebens**. Es fanden Theatervorstellungen und Konzerte statt und um die Wende vom 19. zum 20. Jh. lagen hier „...über 200 der gelesendsten Zeitungen und Wochenschriften des In- und Auslandes zur freien Benutzung aus", wie eine zeitgenössische Chronik vermeldet. Obendrein residierte hier die **Königliche Badeverwaltung**. Sie wachte mit strengem Auge über die sittsame Trennung von Damen und Herren am Strand.

Das Conversationshaus ist noch heute sehr stilvoll eingerichtet. Außer der Touristeninformation befinden sich hier ein **Café** und ein **Geschäft**

Norderney, Zentrum

Alle weiteren Karteneinträge
siehe S. 21.

0   200 m   © Reise Know-How 2020

Strandpromenade

Kaiserstraße

Georgshöhe
10

Am Januskopf

Am Januskopf

Nienburgstraße

Benekestraße

Molkestraße

4

Das Kap
11

Roonstraße

Goebenstr.

Kath. Kirche
Stella Maris
9   **9**

Knyphausenstraße

Tannenstraße

Weidachstraße

Ellernstraße

Mühlenstraße

5

7

Benekestraße

Schulzenstraße

6

8

Bismarckstr.

10

Winterstraße

Friesiastraße

11

Kaiser-
Wilhelm-
Denkmal

Maybach-   straße

Busbahnhof
B

Luzius-

13 **15**

12   **7**

Kath. Kirche
8 St. Ludgerus

Seilerstraße

19

Jann- Berghaus-   Straße

17

Friedrichstr.

21

23

22

An der Schanze

26 **24**

27 **34**

28 **31**

25

32 **33**

Herrenpfad

Gartenstraße

37 **40**

38 **39**

36 **35**

41

42

es Postamt

4

48 **47**

Fischerstr.

45

46

Lange Straße

51

52

Lange Str.

50

straße

Garten straße

Napoleonschanze
16

Windmühle
Selden Rüst **15**

54

Oster-
53

Kurpark

Poststraße

17

59

Heinrich-
Heine-
Denkmal

Bäckerstr.

Kurtheater
3

2

58

60

Feldhausstraße

61

70

Wedelstr.

Janußtraße

69

68

76

Adolfsreihe

80

82

78

Rosenweg

Marienstraße

Am Kurplatz

84

Neuer
Kurpark

90

aße

87

88

89 P

92

91

Conversationshaus

94 P

95

Bülowallee

Hafenstraße

Weststrandstraße

Up Süderdün

Südwesthörn

Hafenpatt

Up Süderdün

17 Fischerhaus-Museum

Windjammer Kai

18 Bademuseum

017no Abb.: mux

mit Norderney-Produkten. Obendrein gibt es eine **Bibliothek** mit hohen Buchregalen und großem Bestand, in der sich auch Urlauber Lektüre ausleihen können. Zudem findet sich ein **Lesesaal** mit richtig klassischen tiefen Ledersesseln und einer Auswahl von mehreren Zeitungen und Internet-Terminals, die für jedermann täglich 15 Minuten lang kostenlos nutzbar sind. An der Touristeninformation können Gäste auch ihren Kurbeitrag (s. S. 118) bezahlen.

An der Stirnseite des Gebäudes befindet sich die **Spielbank**, in der heute nur noch Automatenspiele getätigt werden. Hinter dem Conversationshaus gibt es **Bouleplätze** und ein Großfeld für **Schach**. Draußen öffnet sich der **Park** mit Caféterrasse und rechter Hand steht eine kleine **Konzertbühne**, wo in der Saison regelmäßig Konzerte stattfinden.

❯ Am Kurplatz 3, Tel. 8910

Die folgenden **Öffnungszeiten** sind außerhalb der Saison möglicherweise abweichend:

❯ **Touristeninformation:** Mo.–Fr. 9.30–18, Sa. 10–13, So. 10–13 Uhr
❯ **Bibliothek:** Mo.–Sa. 10–13 und Mo., Di., Do.–Sa. 14–18 Uhr
❯ **Shop „meine Insel":** Mo.–Fr. 10–18, Sa. 10–15, So. 10–14 Uhr
❯ **kurpalais,** das Café im Conversationshaus: Fr.–Mi. 10–22 Uhr. Sehr schön gestaltete Bar und gemütliche Terrasse.
❯ **Spielbank:** April–Okt. tgl. 11–24 Uhr, Nov.–März 14–22.30 Uhr

❷ Heinrich-Heine-Denkmal ★   [B2]

Der Düsseldorfer Dichter **Heinrich Heine** (1797–1856) besuchte zwischen 1825 und 1827 mehrfach die Insel. Die Aufenthalte inspirierten ihn zu seinem **„Nordsee-Zyklus"**, worin er aber auch Erlebnisse und Erfahrungen von Aufenthalten auf Helgoland, Wangerooge und in Cuxhaven einfließen ließ. Heine war ganz begeistert von der Wildheit der Nord-

⌃ Das Conversationshaus mit seiner gemütlichen Caféterrasse

Legende zu Karte S. 18

🟩 Einkaufen/Sonstiges

6 Moi Reev
7 Polizei
8 Dagmar Berg
13 Meermode
16 Deckena Wurst
   und Schinken Manufaktur (2)
18 Juwelier Götting
24 Solaro
26 Sanddornstübchen
28 Sehstücke
30 Mia Coprian
32 Inselbäckerei Bethke
33 Alfred Berghaus
34 Puppentheater Purzelbaum
35 Norderneyer Zimmerservice
37 Tee Ambiente
38 Namuth
39 Sparkasse
40 Norderneys Konditorei
40 Holtmann
41 Atelier in der Schmiede
42 Galerie Hanna
   Abendroth-Rass
45 Volksbank
47 Vinothek Dettweiler
48 Logis-Service Norderney
52 Pomp
57 Kurapotheke Norderney
61 Drachenladen Windgeflüster
65 Bücher Lübben
67 Bernstein Juwel
69 Carstens
70 Apotheke am Kurplatz
72 Oldenburgische Landesbank
73 Sør Woman
75 Deckena Wurst und
   Schinken Manufaktur (1)
76 Adenauer & Co
77 Norderneyer Zuckerhuus
78 Reisebüro Norderney
79 Strandhaus

🟩 Einkaufen/Sonstiges Fortsetzung

80 Wochenmarkt
81 Mannefeld
83 Norderneyer Teehuus
89 Parkplatz B
91 Touristeninformation im
   Conversationshaus
94 Kurzzeitparkplatz A

🟥 Übernachtung

9 Pension Boomgaarden
12 Logierhaus
29 Strandhotel Germania
51 Jugendherberge Norderney
55 Villa Breeksee
56 Hotel New Wave
60 Haus Norderney
62 Hotel Künstlerhaus
63 Hotel Stranddistel
68 Inselhotel König
85 Strandhaus Atlantic

🟦 Aktiv

3 Minigolf am Strand
19 Norderney Bike
21 Bike and fun
36 Rad Toni
44 Fahrradverleih Kranich
46 E-Bike Verleih Norderney
90 Kap Hoorn Indoor-
   Spielbereich
92 bade:haus norderney

see und meinte dazu: „Ich liebe das Meer wie meine Seele. Oft wird mir sogar zumute, als sei das Meer meine Seele selbst", was auch in mehreren seiner Gedichte Ausdruck fand. Allzu schmeichelhaft fielen seine Beschreibungen der Norderneyer Bewohner und auch der Gäste aber nicht aus. „Die Eingeborenen sind meistens blutarm und leben vom Fischfang", oder auch: „Sind sie auch auf ihren Schiffen sogar nach jenen südlichen Ländern gekommen, wo die Sonne blühender und der Mond romantischer leuchtet, so können doch alle Blumen dort nicht den Leck ihres Herzens stopfen, und mitten in der duftigen Heimat des Frühlings sehnen sie sich wieder zurück nach ihrer Sandinsel, nach ihren kleinen Hütten, nach dem flackernden Herde, wo die Ihrigen, wohlverwahrt in wollenen Jacken, herumkauern, und einen Tee trinken, der sich von gekochtem Seewasser nur durch den Namen unterscheidet, und eine Spra-che schwatzen, wovon kaum begreiflich scheint, wie es ihnen selber möglich ist, sie zu verstehen." Und vor allem dies regte die Norderneyer doch ziemlich auf: „Die Tugend der Insulanerinnen wird durch ihre Häßlichkeit, und gar besonders durch ihren Fischgeruch, der mir wenigstens unerträglich war, vorderhand geschützt."

Nach der Publikation wurden diese ironischen und teilweise doch recht harten Beschreibungen auch auf der Insel bekannt, worauf der Dichter 1827 seinen dritten Aufenthalt vorsichtshalber nach 14 Tagen abbrach und die Insel vorzeitig verließ. Er reiste hinüber nach Wangerooge, wo er sich aber wohl doch ein wenig langweilte und berichtete, dass er alleine dort wäre und badete, sich aber kaum mit den Fischern verständigen könne. Nach Norderney kehrte Heine nicht wieder zurück, er verließ schließlich sogar Deutschland und lebte bis zu seinem Tod in Paris.

Anscheinend hat man ihm auf Norderney mittlerweile doch vergeben, denn immerhin steht hier ein **Heine-Denkmal**. Es zeigt einen etwas nachdenklich wirkenden Jüngling, der etwas gekrümmt sitzt und ein Buch in der Hand hält. Es wurde 1983 beim Kurtheater aufgestellt und entstand nach einer Idee von Arno Breker (1900–1991), die dieser bereits 1930 entwickelte. Das damals geplante Denkmal sollte in Heines Geburtsstadt Düsseldorf aufgestellt werden, aber nach der Machtergreifung der Nationalsozialisten kam es dazu nicht mehr. Der Bildhauer Breker machte dann unter dem Nazi-Regime eine erfolgreiche Karriere.

018no Abb.: mux

◁ *Ein nachdenklicher Heinrich Heine auf Norderney*

LITERATURTIPP

Michael Fleischer: „Heinrich Heine, Dichter der Nordsee"
Michael Fleischer gibt einen guten Überblick über Heines Besuche auf Norderney. Informativ werden die Umstände seines Aufenthalts dargestellt: Er hatte Geldschwierigkeiten, verstand sich mit den adeligen Urlaubern nicht so recht, mit den Damen dagegen schon besser. Man erhält Einblick in das damalige Norderney, u. a. mit historischen Bildern. Das Buch wird auf der Insel im Buchgeschäft Lübben (s. S. 91) verkauft.

Ausgerechnet sein ursprüngliches Heine-Modell wollte die Stadt Düsseldorf nach dem Zweiten Weltkrieg als Denkmal aufstellen lassen. Das wurde aber dann doch abgelehnt und das Denkmal der Insel Norderney geschenkt. Unter heftigen Protesten, die sich gegen die frühere Nazi-Vergangenheit des Bildhauers richtete, nicht gegen den Dichter, wurde das Denkmal dann auf Norderney platziert. Es trägt die Inschrift: „Ich liebe das Meer wie meine Seele. Heine auf Norderney 1826".

❸ Kurtheater ★   [B2]

Das Kurtheater ist ein sehr schmuckes Gebäude, das 1893 bis 1894 von einem Hotelbesitzer erbaut wurde und architektonische **Anlehnungen an das Opernhaus von Hannover** zeigt. Die hochherrschaftlichen Urlauber suchten nach abendlicher Unterhaltung, wie sie sie von zu Hause gewohnt waren. Diese konnte die kleine Fischerinsel in diesem Maße natürlich nicht bieten, man bemühte sich aber. So suchten vor allem die Hoteliers nach einer Möglichkeit, **zur Unterhaltung ihrer illustren Gäste** regelmä-

ßig Aufführungen bieten zu können. Schließlich waren viele Besucher Adelige oder Angehörige des Hannoverschen Königshauses und die sollten sich nicht zu sehr langweilen und womöglich im kommenden Jahr ein anderes Urlaubsziel wählen. Folgerichtig war es auch der Betreiber des großen Hotels Deutsches Haus, eines der damals besten Häuser am Platz, der sich für eine feste Bühne einsetzte. Und so wurde das Theater dann auch rasch gebaut und war in der Ausstattung durchaus eines Großstadttheaters würdig.

In altdeutschen Lettern steht es noch draußen angeschrieben „Kur Theater", eine Portaltreppe führte einst zum Haupteingang und strahlte eine gewisse Pracht und Gediegenheit aus. 1975 wurde das Theater um den Anbau **„Haus der Insel"**, einem Zentrum für Kongresse und größere Veranstaltungen mit mehreren Räumen und Sälen, erweitert. Dadurch verlor das elegante Portal seine Bedeutung. Der Eingang liegt nun rechts davon in einem Glaspavillon.

Ab dem 1. Juli 1894 fanden im Kurtheater Konzerte und Theatervorstellungen statt – vorher war im Conversationshaus gespielt worden. Auch heute noch macht der **schicke Saal** etwas her, auf zwei Etagen flankieren Logen den Zuschauerraum, ein großer Kronleuchter hängt von der Decke und die 363 Sitze sind ganz klassisch mit rotem Cordsamt bezogen.

Heute finden im Saal überwiegend **Kinovorstellungen** statt. Schon in den 1960er-Jahren wurden verstärkt Filme gezeigt und es entwickelten sich regelmäßige Filmkunstwochen und auch das „Internationale Filmfest Emden-Norderney" hat hier seinen festen Platz.

❭ Weststrandstraße 2, Tel. 874190

❹ **Altes Postamt** ★★   [B2]

Das **wuchtige Backsteingebäude**, das 1892 von der Kaiserlichen Postdirektion Oldenburg gebaut wurde, ist mitten im Ortskern in der Poststraße zu finden. Es trägt noch heute **Ornamentschmuck** und **Wappen aus der Kaiserzeit.**

Nach der Ernennung von Norderney zum Staatsbad musste alsbald auch eine erste Poststation eröffnet werden, damit die Kurgäste vom Festland ihre Briefe verschicken konnten – und zwar halbwegs regelmäßig, was gar nicht so einfach war. Zunächst fand der Postbetrieb nur im Sommer statt, wenn die Gäste kamen. Damals war die Postbeförderung keine leichte Aufgabe. Im 18. Jh. trugen Boten die Briefe zu Fuß durchs Watt zum Festland. Sie mussten sich natürlich auskennen und durften sich auch nicht von Nebel oder Unwetter überraschen lassen.

Das Ganze war nicht ungefährlich und konnte nicht täglich erfolgen. Ab 1844 kam es dann zu regelmäßigen Posttransporten von und nach Norden, in der Sommersaison wurden Briefe und Postsendungen sogar täglich befördert. Bis Ende des 19. Jahrhunderts fuhren dann Kutschen durchs Watt, aber auch dies ging nur bei guten Wetterbedingungen. Auch Urlaubsgäste wurden per Kutsche befördert, was aber gut vier Stunden gedauert haben soll. Schiffe waren da sehr viel schneller, deshalb beförderten sie schließlich neben Gästen auch die Post.

Im Alten Postamt befinden sich heute keine Postschalter mehr, dafür gibt es hier mehrere **Ladengeschäfte.**

☐ *Das Postamt aus der Kaiserzeit befindet sich mitten in der City*

019no Abb.: mux

❺ Evangelische Inselkirche ★★ [B2]

Die evangelische Kirche wurde zwischen 1878 und 1879 im **neugotischen Stil** erbaut. Vorher existierte eine erste einfache Holzkirche, die bereits um 1517 entstand. Es soll damals nur ein relativ kleiner rechteckiger Raum gewesen sein, mit einem Turm, der auch gleichzeitig als Schutzraum bei Überschwemmungen und Überfällen diente. Das Gotteshaus stand an Stelle der heutigen Kirche und hatte auch schon einen Friedhof. 1750 wurde der Raum erweitert, aber durch die später stetig wachsende Zahl der Sommergäste war die Kirche dann irgendwann zu klein, deswegen wurde sie 1878 bis 1879 völlig neu erbaut.

Kaiser Wilhelm I. übernahm einen großen Teil der Baukosten und die Kirche wurde schließlich am 11. Juni 1879 eingeweiht. Es war der Tag der Goldenen Hochzeit seiner Kaiserlichen Majestät, was man wohl als Zeichen der Dankbarkeit der Norderneyer verstehen darf. Eine kleine Gedenktafel oben links (Blickrichtung Altar) an der Empore erinnert an dieses Datum: „Unter Gottes Segen erbaut durch Kaiserliche Magnificenz 1878", so lautet der Eingangstext und erinnert weiter an die Goldene Hochzeit von Kaiser Wilhelm und Kaiserin Augusta.

Der **Kirchturm** misst 25 Meter und diente den Seeleuten als zusätzlicher Orientierungspunkt. Das **Kircheninnere** ist relativ schlicht gehalten, die Decke zeigt eine rot-weiße Bemalung. Zwei Votivschiffe hängen von der Decke. Sie stammen aus dem Jahr 1808 (das mit den Segeln) bzw. 1904 und sind Modelle von bewaffneten Dreimast-Handelsschiffen. Das Kircheninnere misst 21,5 m Länge und 13,5 m Breite und ist 12 m hoch. Kanzel, Altar und Taufbecken sind relativ schlicht gehalten. Die Orgel stammt aus dem Jahr 2008, nachdem zwei Vorgängerorgeln durch klimatische Probleme und bauliche Schäden nicht mehr benutzbar waren. Vor der Kirche steht an der Kirchstraße ein **Luther-Denkmal**. Es wurde 1883 zum 400. Geburtstag des Reformators erschaffen.

Auf dem alten **Kirchfriedhof** stehen noch 35 **Grabsteine** aus der Zeit von 1822 bis 1888. Sie erzählen teilweise Geschichten und zeigen einen Querschnitt durch die Inselbevölkerung. So sind hier mehrere Mitglieder der Fischerfamilie Pauls bestattet und Jan Kasseboom, den es aus Amsterdam nach Norderney verschlagen hatte und der sich in verschiedenen Berufen versuchte und schließlich Schankwirt wurde.

Auch Hillrich Jacobs Rass ruht auf dem Friedhof in einem von zwei umzäunten Gräbern. Er war der Kapitän der königlichen Jacht, was noch heute auf seinem Grabstein nachzulesen ist. Rass verstarb 1872 auf Norderney, das Grabkreuz stiftete seine Majestät Georg V. von Hannover.

Giovanni Valcich war ein Matrose der österreichischen Marine, der 1864 vor Cuxhaven ertrank und später auf Norderney angetrieben wurde. Auch er erhielt eine ehrenvolle Bestattung, das Kreuz spendierte auch hier der König.

Etliche Grabsteine tragen Ornamente oder Symbole wie Segelschiffe oder gekreuzte Fackeln.

❯ Kirchstraße, geöffnet: Mo.–Do. und Sa. 8–17, Fr. 12–17 Uhr, So. nach dem Gottesdienst bis 17 Uhr, Kirchenführungen: April bis Oktober Di. um 11 Uhr

082no Abb.: hj

❻ Marienhöhe ★ [B2]

Die Marienhöhe ist eine weitere erhöht liegende Düne mit einem Lokal, die am Damenpfad zu finden ist. Benannt ist sie nach **Königin Marie von Hannover**, der nachgesagt wird, dass sie hier oben gerne ihren Kaffee trank. Deswegen wurde auf der Düne auch ein kleiner **Pavillon** gebaut. Auch **Heinrich Heine** hat diesen Platz sehr geschätzt. Heine-Fans meinen, dass der Dichter hier sein „Lied ans Meer" geschrieben hat, was andere verneinen, da das Werk bereits früher entstanden sein soll. Dennoch wurde eine entsprechende Plakette angebracht. Heute ist aus dem kleinen Pavillon ein beliebtes **Café** geworden.

Damenpfad und Herrenpfad
Die Straßennamen „Damenpfad" und „Herrenpfad" zeigten früher für Frauen und für Männer den jeweiligen Weg zum Strand, denn die Badebereiche waren strikt getrennt. Wenn die Damen in ihrem Abschnitt badeten, wehte eine rote Fahne, Männer mussten sich fernhalten, unter Androhung eines saftigen Bußgelds. Es heißt, dass sogar Schiffe einen Bogen fahren mussten.

❼ Kaiser-Wilhelm-Denkmal ★ [B2]

Das auffällige, monumentale Denkmal steht in der Friedrichstraße und wirkt auf den ersten Blick vielleicht sogar ein wenig verstörend. Erbaut wurde es 1898 zu Ehren von **Kaiser Wilhelm I.** und zur **Reichsgründung** von 1871. Damals wurden in Deutschland viele Denkmäler zu Ehren des Kaisers gebaut, die Kaiser-Begeisterung schwappte durchs ganze Land und erreichte auch Norderney. Bei einem Festessen zum sogenannten Sedan-Tag (2. September) 1889 gründete sich ein Denkmal-Komitee, das bereits einen Tag später die Summe von 1389,80 Mark gesammelt hatte. Weiteres Geld kam durch Spenden und Sammlungen bei Konzerten zusammen. Aber es fehlten noch ein passender Entwurf und ein geeigneter Standort. Mehrere Standorte wurden diskutiert, u.a. vor dem Kurhaus und auf der Georgshöhe, aber am Ende sollte ein Platz gefunden werden, der dem Kaisermotto „Vom Fels zum Meer" Geltung

⌂ Das Café Marienhöhe (s. S. 88) bietet einen vorzüglichen Ausblick

verschaffte – der Kaiser müsse aufs Meer schauen können. Schließlich einigte man sich auf den Platz in der Friedrichstraße vor der katholischen Kirche. Nachdem verschiedene Vorschläge für die Gestaltung des Denkmals bewertet und aus unterschiedlichsten Gründen abgelehnt worden waren, konnte man sich auf den Entwurf von **Georg Kürstadt** festlegen. Ihm liegt der Gedanke zugrunde, dass einige Städte und Provinzen sich symbolisch zeigen sollten, vereint in einer Stele. Über 130 Städte wurden angeschrieben und um eine Stein-Spende gebeten, 40 mussten ablehnen, da sie den Transport nicht finanzieren konnten oder weil es keine Steine in ihrer Gegend gäbe, wie mancher Bürgermeister schrieb. Der Transport erfolgte per Bahn bis Leer und von dort weiter mit einem Schiff. Das war aber gar nicht so einfach, denn manche Steine waren schlicht zu schwer. Aus insgesamt 75 deutschen Städten und Provinzen wurden schließlich Steine gestiftet, die auf Norderney zu einem spitz zulaufenden **Obelisken** geformt wurden. Oben an der Spitze öffnete lange Zeit ein preußischer Adler gerade seine Schwingen, an der Nordseite war eine Büste des Kaisers angebracht. Beide sind heute verschwunden, denn da sie aus Bronze gefertigt waren, wurden sie im Ersten Weltkrieg für die Waffenproduktion eingeschmolzen. Anstelle der Kaiserbüste befindet sich hier heute die Abbildung einer Möwe aus Stein als Sinnbild für die Nordsee.

Auf 61 der gespendeten Steine sind die **Herkunftsorte** benannt, einige davon sind sehr symbolhaltig. Die Kölner schickten einen Stein aus der historischen Stadtmauer, die Frankfurter einen aus dem Römer, Krönungsort deutscher Kaiser von 1562 bis 1792. Der Berliner Stein war mit 6 Tonnen der schwerste, der aus Königsberg hatte den weitesten Weg. Der Stein aus Leipzig wog 5 Tonnen, genau wie der aus Baden-Baden. Und auch aus Aachen, der alten Krönungsstadt deutscher Könige, kam ein Stein. Die Steine aus Hamburg, Bremen, Baden-Baden und München konnten nicht eingefügt werden, sie wurden an den vier Seiten platziert und durch eine Ankerkette verbunden, die von der Kaiserlichen Werft in Kiel geliefert wurde.

Die Norderneyer nennen das Monument übrigens „**Klamottendenkmal**", was nichts mit Bekleidung zu tun hat, denn früher wurden auf dem Bau schwere Steine als „Klamotten" bezeichnet.

021no Abb.: mux

▷ *75 Städte spendeten Steine für dieses Denkmal*

❽ Katholische Kirche St. Ludgerus ★ [B2]

Die **neugotische Kirche** entstand 1884 und ist dem heiligen Ludgerus gewidmet, dem „Apostel der Friesen", der im 8. Jh. wirkte. Eine Skulptur des Heiligen aus Bronze ist im Eingangsbereich am Eckpfeiler zu finden. Altar, Taufstein und Tabernakel im Inneren sind aus **Muschelkalk** geschaffen. Die Kirche ist relativ schmucklos gestaltet, mehrere schön gearbeitete Seitenfenster lassen nur ein dezentes Licht einfallen, was die ruhige Atmosphäre noch mehr betont. Statt Kirchenbänken sind Stühle in Ellipsenform aufgestellt und um Altar und Ambo gruppiert, damit der Gemeinschaftscharakter beim Gottesdienst betont werden kann. Die bunten **Glasfenster** entstanden erst 2008 durch Barbara Belin.

❯ Friedrichstraße 22,
  geöffnet: ganzjährig täglich

❾ Katholische Kirche Stella Maris ★ [B2]

Diese Kirche wurde 1931 zunächst als Filialkirche erbaut, da die Zahl der katholischen Gläubigen vor allem in den Sommermonaten stark anstieg. Im Gegensatz zu vielen anderen norddeutschen Kirchen entstand sie nicht in rotem Backstein, sondern hat eine weiße Putzfassade. Innen bietet die Kirche in eckiger Kubusform immerhin Platz für 700 Menschen. Sie gilt damit als **größte katholische Kirche in Ostfriesland.** Der Innenraum ist bewusst schmucklos gehalten, der einzige Schmuck sollte das Weiß des Mauerwerks sein. Außerdem ist sie spärlich beleuchtet: Die kleinen Fenster lassen nicht viel Licht einfallen, was den zentral stehenden Altar

betont. Über dem Altar befindet sich ein großes Gemälde der „Maria Stella Maris", erschaffen 1931 vom Maler Richard Seewald.

❯ Goebenstraße 2, geöffnet: Mi. 11–12, Fr. 16–17, Sa. 11–12, So. 9.30–12 Uhr, So. Feier der Eucharistie, meist 10 und 11.30 Uhr

❿ Georgshöhe ★★ [B2]

Diese Aussichtsdüne wurde nach **König Georg V. von Hannover** benannt. Früher war hier eine Signalstation für die Schifffahrt, heute ist oben eine **Aussichtsplattform** zu finden, zu der eine Treppe führt. Man genießt dort oben einen tollen Rundblick über den Strand, die unterhalb liegenden Lokale, den angrenzenden Minigolf-

---

KURZ & KNAPP

Illustre Straßennamen

Einige Straßen tragen noch heute Namen bekannter Inselgäste des 19. und frühen 20. Jahrhunderts:

❯ Die Marienstraße ist nach **Königin Marie von Hannover** (1818–1907) benannt.

❯ Die Friedrichstraße erinnert an **Kaiser Friedrich III.** (1831–1888), der aber nur 99 Tage regierte. Das Jahr 1888 wurde früher auch als „Drei-Kaiser-Jahr" bezeichnet, da gleich drei deutsche Kaiser regierten. Friedrich wurde am 9. März nach dem Tod seines Vaters Wilhelm I. zum Kaiser gekrönt, er starb aber bereits am 15. Juni an Krebs. Ihm folgte sein Sohn Wilhelm II. (1859–1941).

❯ Die Bülowallee ist nach **Fürst Bernhard von Bülow** benannt (1849–1929), dem deutschen Reichskanzler von 1900 bis 1909. Er kam viele Jahre nach Norderney.

platz und auch über die Stadtsilhouette bis hinüber zum Festland, wo sich ein paar Windräder drehen. Der große **Stockanker** wurde 1974 vor Den Helder geborgen und wird auf etwa 350 Jahre geschätzt. Er steht hier oben symbolisch als Denkmal für die auf See gebliebenen Norderneyer Fischer und Seemänner. Unterhalb der Düne öffnet sich der weitläufige **Nordstrand**. Dort befand sich auch einst die „Giftbude", ein Lokal, „...wo et wat gift" (wo es was gibt), nämlich Lebensmittel und vor allem Alkohol. Ein Lokal gleichen Namens gibt es heute an anderer Stelle (s. S. 85), nämlich beim Weststrand.

🔴⓫ Das Kap ★   [C2]

Das Kap ist eine weithin sichtbare, 13 m hohe **Landmarke** – eine sogenannte Bake – für die Schifffahrt, die am östlichen Stadtrand auf einer Düne steht. Ein früheres, 12 m hohes Seezeichen aus Holz existierte bereits seit 1849, wurde aber 1870 gegen ein stabileres aus Ziegeln ersetzt. 1930 musste dieses Zeichen erneuert werden. Für den Neubau sollen 36.700 Backsteine verwendet worden sein, die erst mühsam vom Festland auf die Insel gebracht werden mussten. Errichtet wurde das Zeichen überhaupt erst auf Wunsch von **Emder Kaufleuten.**

Die Landmarke steht auf sechs Pfeilern mit einer Höhe von neun Metern und trägt als Toppzeichen ein auf der Spitze stehendes 3 m großes **Dreieck aus Holz**. Seit 1928 ist sie Bestandteil des Norderneyer Wappens. Zwischen 1848 und 1878 wur-

de nachts ein Feuer unterhalten, was aber heute nicht mehr so ist. Obendrein ist das Kap aufgrund der Stadtbebauung von See nicht mehr so gut sichtbar.

Einmal ums Eck steht an der Jann-Berghaus-Straße gegenüber der Jugendherberge eine weitere markante Landmarke, der rechteckige **Wasserturm**. Er wurde bereits 1930 eingeweiht und ist noch heute in Betrieb. Sein Fassungsvermögen beträgt 500.000 Liter und er wird nachts illuminiert. Mit seinen 41,6 m zählt er zu den höchsten Gebäuden der ganzen Insel.

🔴⓬ Sternwarte ★   [C2]

Die privat betriebene Sternwarte wurde **in Eigenleistung** zwischen 1962 und 1964 **erbaut**. Ihre Kuppel hat einen Durchmesser von 3,30 m. Es gibt einen Vortrag mit anschließender Führung.

❯ Am Kap 31A (östl. der Bürgermeister-Willi-Lührs-Straße), www.sternwarte-norderney.de, Eintritt: 7 €, max. 20 Personen, nicht für Kinder unter 7 Jahren geeignet, geöffnet: Di. 20 Uhr (März–November)

⌂ Das Kap ist weithin sichtbar

022 no Abb.: mux

Baken, Bojen, Buhnen und Pricken

> *Eine **Bake** ist ein Seezeichen, das an Land steht und als Peilpunkt für die Seefahrt dient. Sie haben je nach Insel unterschiedliche **Toppzeichen**: **Norderney** hat ein Dreieck mit Spitze nach unten. **Langeoog** hat ein Dreieck mit der Spitze nach oben. **Baltrum** hat ein auf der Spitze stehendes Viereck. **Juist** hat ein Viereck und **Wangerooge** hat zwei Dreiecke, deren Spitzen jeweils aufeinander stehen.*

> ***Bojen** oder auch Tonnen sind im Wasser schwimmende Seezeichen, die durch eine Kette am Meeresboden verankert sind. Grüne Bojen liegen von See kommend rechts (an Steuerbord), rote Bojen entsprechend an Backbord, also links.*

> ***Buhnen** wurden früher zum Küstenschutz gebaut. Sie ragen vom Strand weit ins Meer hinein und sollen Strömungen und Wellen beruhigen. Manche Buhne bestand aus einer Doppelreihe aus massiven Holzpfählen, andere aus Eisen, die mehrere Meter tief in den Boden gerammt wurden und die heute noch teilweise halb verrostet im Sand stecken. Vor nicht mehr deutlich sichtbaren Buhnen wird durch Beschilderung gewarnt, beispielsweise durch ein gelbes Kreuz.*

> ***Pricken** sind 5 bis 7 m lange Stangen oder schlanke Bäumchen (meist Birken) mit Zweigbüscheln an der Spitze, die fest in den Wattboden gerammt wurden und Fahrwasserrinnen markieren. Dabei werden zwei Typen unterschieden: Eine Steuerbord-Pricke (wieder von See kommend betrachtet) liegt rechts und hat an der Spitze zusammengebundene und nach unten aufgefächerte Zweige. Bei einer Backbord-Pricke (links, von See kommend) sind die Zweige an der Spitze aufgefächert und unten zusammengebunden.*

023no Abb.: mux

⑬ Bahnhof Stelldichein ★ [C2]

Auf Norderney gibt es keine Eisenbahn. Nicht mehr, muss korrekt gesagt werden, denn die Marine baute im **Ersten Weltkrieg** eine Schienenverbindung in Normalspur vom Hafen ins Inselinnere zu den Geschützstellungen in den Dünen. Mit der Bahn wurden die schweren Materialien transportiert, um diese Batterien überhaupt erst ausbauen zu können. Eine Haltestelle, der **Bahnhof Stelldichein**, entstand 1917. Hier stiegen Soldaten ein, die zu den entfernteren Stellungen gebracht werden sollten. Die Geschützstellungen blieben auch nach Ende des Krieges bestehen, ebenso die Marinebahn. Die Nationalsozialisten bauten die Batterien ab 1935 sogar noch aus, was auch zu einer Erweiterung der Inselbahn führte. Nach Kriegsende mussten die militärischen Anlagen gesprengt, demontiert und vor allem abtransportiert werden. Auch dazu wurde die Inselbahn genutzt. 1947 schließlich wurde dann die Bahn ebenfalls demontiert und von der Insel geschafft. Ein Großteil der Schwellen nutzte die Inselbevölkerung als Feuerholz und wurde ganz profan durch den Ofen gejagt. Von der einstigen **Marinebahn** blieb nur der kleine Bahnhof Stelldichein und zwei kurze Gleisstränge mit ein paar Meter Gleis erhalten. Er ist nicht viel mehr als ein kleines Holzgebäude in auffällig roter Farbe.

❯ Kreuzung Birkenweg mit
  Richthofenstraße

⌂ *Am Bahnhof Stelldichein
halten heute keine Züge mehr*

⑭ Cumberland-Denkmal ★ [C2]

Dieses Denkmal erinnert an eine heldenhafte Rettungstat Mitte des 19. Jahrhunderts. Zu der Zeit verbrachte das Königshaus Hannover alljährlich die Sommermonate auf Norderney. Mit dabei war auch **Kronprinz Ernst August** (1845–1923), der außerdem den Titel Herzog von Cumberland trug. Am 10. August 1861 drohte der damals 16-jährige Junge zu ertrinken, wurde aber von dem Fischer **Gerrelt Janssen** (1824–1870) gerettet. Der arbeitete während der Urlaubssaison als Schwimmer im Herrenbad, war also ein früher Rettungsschwimmer. Als Dank erhielt er vom König einen Silberpokal, zwei Auszeichnungen, darunter die Verdienstmedaille für Rettung aus Gefahr, und Geld. Zwei Jahre später erhielt er sogar noch einmal Geld, eine Landesobligation über 1000 Taler, deren Zinsen zweimal im Jahr ausgezahlt wurden und die auch auf seinen ältesten Sohn überging. Diese Zinsen wurden bis 1923 ausgezahlt. Gerrelt Janssen war seit 1865 Witwer und hatte fünf Kinder, ihm kam diese Zuwendung gerade recht. Leider ertrank er selbst bei einem Orkan im Jahr 1870.

König **Georg V.** ließ als Dank für die Rettung seines Sohnes zudem ein **Picknick** für die Norderneyer Bevölkerung ausrichten und einen **Lebensbaum** pflanzen. Da sich die Gesellschaft noch einige Jahre später regelmäßig dort versammelte, kam der Wunsch auf, ein **Denkmal** zur Erinnerung an die Heldentat zu errichten. Das geschah dann tatsächlich 1866. Aufgestellt werden sollte es am 10. August, dem fünften Jahrestag der Rettung des Prinzen, aber kurz zuvor (im Juni) brach Krieg zwischen Preußen und Österreich aus. Preußen marschierte dabei auch ins Königreich Hannover ein, der König ging ins Exil nach Österreich. Die Norderneyer wollten das Denkmal trotzdem aufstellen, aber die Preußen erlaubten es nicht. Es wurde deswegen heimlich und vor allem schnell fertiggestellt, aber diese Eile ging auf Kosten der Qualität, denn es verwitterte rasch. Im Jahr 1938 sollte es versetzt werden, zerbrach aber bei diesem Versuch. Im Jahr 2002 wurde dann eine **rekonstruierte Version** aufgestellt. Auf die früher angebrachten Medaillons mit den Bildnissen musste verzichtet werden, da die genauen Vorlagen nicht mehr bekannt sind.

❯ gegenüber Bahnhof Stelldichein

⓯ **Windmühle Selden Rüst** ★   [C2]

Die einzige Windmühle auf den Ostfriesischen Inseln wurde 1862 in der Form einer **Gallerieholländermühle** gebaut und steht unweit der Napoleonschanze ⓰ in der Mühlenstraße. Bevor diese Mühle gebaut wurde, musste das Mehl mühsam und eben auch kostspielig vom Festland auf die Insel geschafft werden, damit die Bäcker überhaupt arbeiten konnten. Im Winter hielt sich das Mehl wegen des feuchten Klimas nicht lange, was zu Versorgungsengpässen führen konn-

025no Abb.: mux

te. Außerdem verstärkte sich im Sommer die Nachfrage nach Brot und Backwaren durch den angestiegenen Badetourismus.

Schließlich hatte die Königliche Regierung in Aurich ein Einsehen und erlaubte den Bau einer Kornmühle. Der Erbauer, ein Müllermeister, nannte sie „Selden Rüst" (seltene Ruh). Die Mühle konnte Weizen, Roggen und Graupen verarbeiten, hatte zwei Mahlsteine und schaffte bei gutem Wind bis zu fünf Tonnen Korn am Tag. Der obere Teil der Mühle ist als einziges Gebäude der Insel mit **Reet** gedeckt. Sie wurde so konstruiert, dass sich die Kappe mit den Flügeln über ein Getriebe immer in den Wind drehen konnte. 1895 wurde die Mühle verkauft und war aber noch bis 1962 in Betrieb. 1951 brach ein Flügel ab und einen Monat später zerstörte ein Feuer fast die gesamte Mühle, bis 1962 wurde sie dann mit Motorkraft betrieben. Heute befindet sich hier das **Restaurant Zur Mühle.**

⓰ Napoleonschanze ★   **[C2]**

1806 geriet Norderney in den französischen Machtbereich, weswegen Napoleon einen Trupp Soldaten auf die ferne Insel schickte. Vor allem sollten diese den regen Schmuggel über Helgoland nach England unterbinden, denn gegen England war gerade die Kontinentalsperre verhängt

LITERATURTIPP

„Onnen Visser, der Schmugglersohn von Norderney"
Sophie Wörishöffer schrieb im 19. Jahrhundert einen Roman über die Abenteuer eines Schmugglersohnes zur Franzosenzeit, der zumindest teilweise auf Norderney und in Hamburg spielt, in dem der Held aber eine weite Reise bestehen muss, u. a. „in den russischen Urwald" (so ein Kapitelname), bevor er zurückkehren kann. Das Buch wird auch auf der Insel verkauft.

◁ *Die einzige Windmühle der Ostfriesischen Inseln steht auf Norderney*

◺ *Die Napoleonschanze ist heute ein friedlicher Park*

Waldkirche an der Napoleonschanze

Seit 1912 finden in den Sommermonaten Juni bis August an der Napoleonschanze ⓰ Gottesdienste im Inneren des Walls statt. Dort steht ein recht kompakter Stein, über den ein Altartuch gelegt wird, davor sind ein paar steinerne Bänke installiert. Zum Gottesdienst werden Sitzkissen und Gesangsbücher verteilt, es spielt ein Posaunenchor. Insgesamt ist es eine sehr schöne, ziemlich entspannte und zugleich feierliche Stimmung. Termine: jeden Sonntag um 8.30 Uhr, allerdings nicht bei Regen.

worden. Sie betraf zahlreiche Häfen an der Nordseeküste, denn überall waren der Handel und die Schifffahrt nach England verboten, was natürlich sofort zum verstärkten Schmuggel führte. 1811 erreichten 300 französische Soldaten Norderney und ließen damals sogleich einen befestigten Militärposten, eine Schanze (befestigter Militärposten) mit einem Wall und einer inneren Vertiefung sowie einem Wassergraben, errichten, der später „Napoleonschanze" genannt wird.

Die Inselbewohner wurden aufgefordert, beim Bau mitzuwirken, was sie sicher nur sehr unwillig taten. Immerhin lebten viele Insulaner von der Schifffahrt. Sie fuhren teilweise für Handelshäuser aus Bremen, Hamburg oder Emden zur See, die regen Handel u. a. auch mit England betrieben. Dies wurde nun unterbunden, einige Boote und Schiffe wurden von den Franzosen sogar beschlagnahmt, was viele Familien in die Armut stürzte. Die Lage besserte sich erst wieder, als die Franzosen 1813 die Insel verließen.

Heute liegt die Schanze mitten in einem kleinen **Kurpark**, der Erdwall und die ausgehobene Grube sind noch zu erkennen. Damals waren vier Kanonen aufs Wasser gerichtet, heute spaziert man hier ganz friedlich und entspannt entlang. Der Wassergraben hat sich zu einem **Schwanenteich** gemausert, wo einige Ruhebänke zum stillen Verweilen einladen. Im Wäldchen beim Wall steht ein **Ehrenmal** für die Norderneyer Kriegstoten des Ersten Weltkrieges.

⓱ Fischerhaus-Museum ★★★ [B2]

Das Museumshaus ist der Nachbau eines alten Norderneyer Fischerhauses aus dem 17. Jh., das zwischen 1934 und 1937 entstand. Es ist ein Beispiel für ein Haus, in dem früher drei Generationen unter einem Dach lebten, und führt Besucher mit vielen authentischen Ausstellungsstücken zurück in eine längst vergessene Zeit.

Das Fischerhaus-Museum liegt im kleinen Argonnerwald und ist in der für die damalige Zeit üblichen Art und Weise aufgeteilt. Die einzelnen **Räumlichkeiten** wie gute Stube, Küche und Altenteil lassen sich noch gut unterscheiden. Das Haus ist mit vielen historischen Gegenständen, Ar-

Hochtiedsstuuv

Unweit des Fischerhaus-Museums steht ein weiteres kleines Fischerhaus. Dort werden heute vom Norderneyer Standesamt **Trauungen** vorgenommen. Auf Wunsch kann das Brautpaar auch im Häuschen übernachten, ein Komplettangebot kann über die Stadt gebucht werden (Infos: Standesamt, Rathaus, Tel. 9200).

beitsgeräten, Schmuckstücken, die auch mal aus Haar geflochten sein können, Möbeln und Zeitungsausschnitten bestückt, alte Schlittschuhe liegen neben historischen Bibeln. Es vermittelt einen guten Eindruck von der **Lebensweise der ehemaligen Besitzer.** Alles ist liebevoll zusammengestellt, in den recht engen und niedrigen Räumen lohnt ein Blick aufs Detail. Sie sind mit Delfter Kacheln geschmückt und haben noch die klassischen engen Schlafbutzen.

Von Mitte April bis Anfang November findet donnerstags um 15 Uhr die **Teezeremonie** „Teetied, so gäht dat" („Teezeit, so geht das") mit anschließender Besichtigung des Museums statt. Hier wird erklärt, warum kleine, eher zarte Tassen genutzt werden und keine Becher, und in welcher Reihenfolge Sahne und Kluntje zugegeben werden. Es wird zudem die alles entscheidende Frage beantwortet, ob man die Sahne mit dem Löffel umrühren darf.

❯ Weststrandstr. 1, Tel. 927894, www. heimatverein-norderney.de, Eintritt: Museum 2 €, Führung 3 €, Teezeremonie 6 €, geöffnet: März–Okt. meist Di., Do. 11 Uhr, mit Führung in der Hauptsaison auch Mo., Mi. 15 Uhr, Teezeremonie Do. 15 Uhr

⑱ Bademuseum ★★★ [B2]

Das Museum ist im Gebäude des ehemaligen Freibades untergebracht und dokumentiert die lange Geschichte der Urlaubs- und Badekultur auf der Insel Norderney und damit verbunden auch die Entwicklung des Seebades.

In der Dauerausstellung wird die **Geschichte von Norderney** durch viele historische Fotos, Plakate, Strandutensilien, Bademoden der verschie-

denen Epochen und durch sehr anschaulich **nachgestellte Szenen,** z. B. ein recht spartanisch eingerichtetes „Fremdenzimmer" aus den 1920er-Jahren „mit fließend warmen und kaltem Wasser und preiswertem Mittagstisch", sehr eindrucksvoll dargestellt. Erklärt werden auch die anfänglich mühsamen Anreisemöglichkeiten. Heutige Besucher bestaunen die damalige **Reise- und Bademode** mit den seinerzeit noch streng getrennten Badebereichen für Damen und Herren.

Im Nebenraum werden ergänzend **Wechselausstellungen** zu Norderney-Themen gezeigt. Im Vorraum befindet

⌂ *Bademode von „anno dunnemal" im Bademuseum*

Deutsche Gesellschaft zur Rettung Schiffbrüchiger (DGzRS)

Diese nichtstaatliche Organisation ist für die Seenotrettung in Deutschland zuständig. Sie finanziert sich ausschließlich durch Spenden und Mitgliedsbeiträge, die Mitarbeiter arbeiten teilweise sogar ehrenamtlich. Noch heute stehen in vielen Lokalen an der Küste markante kleine Sammelbüchsen in Form eines Rettungsbootes auf dem Tresen. Wer hier mal eine Münze (oder auch mehr ...) spendet, tut ein gutes Werk.

Was heute so selbstverständlich wirkt, war vor rund 200 Jahren ein Novum. Wenn früher ein Schiff auf See zu Schaden kam, spülten die Wellen das Wrack und im günstigsten Fall auch die Überlebenden an den Strand. Dort wurde von den jeweiligen Bewohnern in der Regel das Strandgut eingesammelt. Manche nannten das Strandräuberei, andere nannten es Strandrecht. Nur selten fuhr man mit einem Boot bei schlechtem Wetter aufs Meer, um in Not geratenen Seeleuten zu helfen. Das erschien den meisten als viel zu gefährlich. Im frühen 19. Jh. gab es aber doch erste Versuche, in Seenot geratenen Menschen zu helfen. Ein einschneidendes Ereignis dabei war der Untergang des Auswandererschiffes „Johanne" vor Spiekeroog im Jahr 1854, bei dem 77 Menschen ihr Leben verloren. Die Empörung war groß und steigerte sich noch, als 1860 vor Borkum ein englisches Schiff versank: Neun Menschen starben, weil wieder nicht vom Land aus geholfen werden konnte oder wollte.

Nun entstanden u. a. auf Juist und Langeoog erste lokale Rettungsvereine und am 29. Mai 1865 gründete man in Kiel die DGzRS. Das Vorha- *ben war löblich, die Ausrüstung aber zunächst noch bescheiden. Die Retter hatten nur ein schweres Ruderboot, das oft von Pferden zum Strand geschleppt werden musste. Zur Sicherheit trugen sie Korkwesten und dann kämpften sie sich gegen die hohen Wellen bei schlechtem Wetter raus zu den Schiffbrüchigen. Erst 1911 erhielt die DGzRS Motorboote, die ständig weiterentwickelt und den Bedürfnissen angepasst wurden. Beispielsweise sind die heutigen Seenotrettungskreuzer sogenannte Selbstaufrichter, die kentern können und sich selbst wieder aufrichten. Sie haben außerdem ein kleines Tochterboot an Bord, das auch in flacherem Wasser operieren kann. Die Mannschaft bleibt für jeweils 14 Tage an Bord, dann wird gewechselt. Die DGzRS hat in 54 Stationen an Nord- und Ostsee mehrere Seenotkreuzer und Seenotrettungsboote dauerhaft stationiert. Auf Norderney liegt der Seenotrettungskreuzer „Bernhard Gruben" vor Anker, auch auf den benachbarten Inseln Baltrum und Juist liegt jeweils ein Schiff und ebenso im Fährhafen Norddeich.*

087no Abb.: as©Martina Berg

sich ein **Museumsshop**, in dem auch viele Norderney-Bücher angeboten werden. Außerdem ist in einem Seitentrakt die **Galerie Hans Trimborn** untergebracht, die das Werk dieses Künstlers in einer Dauerausstellung zeigt.

❯ Am Weststrand 11, Tel. 935422, www.museum-norderney.de, Eintritt: Erwachsene 4 €, ermäßigt 3 €, Jugendliche (8–18 Jahre) 2 €, geöffnet: Di.–Fr. 11–17, Sa./So. 14–17 Uhr

⓳ Historischer Rettungsbootschuppen ★ [B2]

Ein klein wenig unscheinbar wirkt es ja schon, das weiße Gebäude mit dem Kreuz über dem Tor am Weststrand. Hier aber wurde eine wichtige Institution installiert, die sich der Rettung Schiffbrüchiger gewidmet hat.

Bereits seit 1862 gibt es eine Rettungsstation auf Norderney, sie ist damit sogar drei Jahre älter als die Deutsche Gesellschaft zur Rettung Schiffbrüchiger. In diesem Schuppen sind heute **historische Rettungsmittel** ausgestellt und es wird gezeigt, wie die Retter vor weit über 100 Jahren gearbeitet haben, beispielsweise mit Westen aus Kork. Auch steht hier das knalliggrüne historische **Rettungsboot Fürst Bismarck** aus dem Jahr 1893, das noch mit Segeln betrieben wurde.

❯ Am Weststrand 5, geöffnet: leider nur unregelmäßig geöffnet, meist am Wochenende im Rahmen eines „Schuppentages", für gewöhnlich dann zwischen 15 und 17 Uhr. Termine auf dem Norderneyer Veranstaltungskalender unter www.norderney.de oder auch auf der Website der Deutschen Gesellschaft zur Rettung Schiffbrüchiger: www.seenotretter.de unter dem Menüpunkt „Aktuelles".

Entdeckungen auf der Insel

⓴ Nationalparkhaus Norderney ★★ [C2]

Das Haus befindet sich unmittelbar am Fähranleger, also passieren die meisten Norderney-Urlauber dieses interessante Infozentrum gleich nach ihrer Ankunft. Es ist eines von 12 Nationalparkhäusern, die über den **Nationalpark Niedersächsisches Wattenmeer** informieren. Großer Wert wird dabei auf die Vermittlung von **ökologischen Zusammenhängen** gelegt. In einer Dauerausstellung zum Wattenmeer erfahren Besucher an vielen Mitmachstationen eine Menge über die Tiere und Pflanzen dieses einzigartigen ökologischen Systems, unter anderem auch zu den Themen Nachhaltigkeit und Ebbe und Flut. Mit einem Spielstein können Besucher ganz praktisch an etlichen Stationen das eigene Wissen überprüfen. Oben befindet sich eine **Aussichtsplattform**, wo auch die Ebene Luftraum erklärt wird. Obendrein werden **Wattführungen** und auch weitere Exkursionen in die Natur angeboten.

❯ Am Hafen 1, www.nationalparkhaus-norderney.de, geöffnet: März–Sept. täglich 9–17, Okt.–Feb. Di.–So. 10–17 Uhr, Eintritt: 6 €, Kinder (5–17 Jahre) 3 €, Familienkarte 15,50 €

㉑ Tierfriedhof ★ [D1]

Auf der sogenannten **Hundedüne** können Haustiere bestattet werden, egal ob Hunde, Katzen, Hamster oder andere Kleintiere. Hier kann jeder kostenlos sein Lieblingstier beerdigen und auch eine Erinnerung platzieren. Diese Sitte hat schon eine lange Tradition, denn bis 1970 wurden hier Pferde bestattet. Mit dem Rückgang der Pferdezucht und der Einführung neuer Gesetze wurde der Pferdefriedhof zunächst für 12 Jahre geschlossen, aber seit 1987 ist er wieder für die Beerdigung von Haustieren freigegeben.

Kleine Kreuze mit dem Namen des Tieres und der Leine als letzten Gruß stehen auf der Düne, vereinzelt brennt eine Kerze und manches Tiergrab ist sogar eingezäunt. Die innige Beziehung der Besitzer zu ihrem Tier drückt sich auch in emotionalen Sätzen aus, die auf den Kreuzen stehen, so beispielsweise: „Hier wird für 17 tolle Jahre gedankt".

❭ Der Tierfriedhof liegt knapp außerhalb des Ortes unweit der Meierei (s. S. 86) an der Straße nach Osten.

㉒ Planetenweg ★ [D2]

Entlang diesem 1,916 km langen Wanderweg ist ein maßstabsgetreu verkleinertes **Modell des Sonnensystems** dargestellt. Die Entfernungen sind hier auf einen Maßstab von 1:1 Milliarde verdichtet, 1 cm entspricht also 1 Milliarde Zentimeter bzw. 1 cm entspricht 10.000 km. Hinweistafeln geben Informationen zu den einzelnen Planeten, beispielsweise zu Sonnenentfernung, Umlaufzeit, Durchmesser und Temperatur. Gestartet wird bei einem knallgelben, runden Schild, das die Sonne darstellt. Nur wenige Meter weiter wird das erste Planeten-Schild erreicht. Es ist der Merkur, der eine Entfernung von 57 Mio. Kilometer zur Sonne aufweist. Und so geht es weiter, es folgen Venus und bald auch die Erde, dann werden die Abstände schnell immer größer, wie im Weltall auch. Eine liebevoll gemachte und zugleich sehr informative Darstellung der Planeten, die einem ja sonst eher ein wenig abstrakt bleiben. Der Weg endet etwa beim Golfhotel mit Neptun und Pluto.

❭ Alter Postweg am Südpolder

㉓ Leuchtturm ★★ [E2]

Der hoch aufragende Leuchtturm steht im östlichen Inselteil und ist das **höchste Bauwerk der Insel.** Erbaut wurde er zwischen 1871 und 1874 und wird bis heute von der Schifffahrt als **Navigationspunkt** genutzt. Vor der Errichtung von Leuchttürmen orientierten sich Seeleute an Naturgegebenheiten wie Dünenlandschaften oder an Kirchtürmen. Das reichte irgendwann nicht mehr und so entstanden auch auf den Nordseeinseln Leuchttürme. Auf der äußerst östlichen der sieben Ostfriesischen Inseln, Wangerooge, baute man 1602 einen Turm als Tagessichtmarke, auf dem später ein Leuchtfeuer montiert wurde. Nachdem auf der äußerst westlichen Insel, auf Borkum, 1817 ein Leuchtfeuer auf einem Turm installiert wurde, bestand eine große Lücke zu Wangerooge, deshalb wurde schließlich auch auf **Norderney**

028no Abb.: mux

◁ *Uranus auf dem Planetenweg*

029no Abb.: mux

feuer auch das **einzige linksdrehende Feuer an der deutschen Nordseeküste**. Das weiße Licht ist heute etwa 21 Seemeilen (38 km) weit sichtbar. Bis 1930 wurde die Petroleumlampe genutzt, dann schloss man den Leuchtturm an das Stromnetz an. In den Anfangsjahren arbeiteten hier drei Leuchtturmwärter, die u. a. das Petroleum zur Befeuerung mehrmals am Tag hochschleppen mussten. Heute ist das Leuchtfeuer vollautomatisch und wird von der Verkehrszentrale Ems ferngesteuert. Alle 12 Sekunden werden drei Blitze gesendet.

> Geöffnet: April–Oktober 14–16 Uhr, bei gutem Wetter auch ab 10 Uhr, Eintritt: 3 €, Jugendliche 1 €, erreichbar mit Buslinie 4 ab Busbahnhof, Abfahrt ca. einmal stündlich zwischen 10 und 17.50 Uhr

ein Leuchtturm errichtet. Am 1. Oktober 1874 war er fertig und wurde auch gleich in Betrieb genommen – aber leider nicht allen Seeleuten bekannt gemacht. So kam es anfänglich zu Schiffsunglücken, da einige uneingeweihte Kapitäne den neuen Leuchtturm mit dem von Wangerooge verwechselten.

Der Norderneyer Leuchtturm ist achteckig, aus **rotem Ziegel** gebaut und steht auf einem 13 m hohen, quadratischen Unterbau auf einer Düne. Die Ziegel wurden mit Fischerbooten auf die Insel transportiert und später bei Ebbe durchs Watt zur Baustelle geschleppt. Der Turm misst bis zur Laternenspitze 53,60 Meter, genau 252 Stufen führen bis zur **Aussichtsplattform**. Die 5,30 m große Laterne stammt mit der gesamten Drehtechnik aus Frankreich und war Teil der Reparationsleistungen nach dem Deutsch-Französischen Krieg 1870/71. Deshalb ist dieses Leucht-

24 Das Wrack ★ [J1]

Ausgerechnet zu Weihnachten des Jahres 1967 strandete der **Heringslogger „Ministerialrat Streil"** auf seiner Fahrt von Glückstadt nach Emden auf der Othello-Plate, einer Sandbank am östlichen Inselende. Der Name Othello-Plate ist uralt und bezieht sich auf ein hier gestrandetes Schiff der spanischen Armada, die 1588 im Kanal vor England unterging. Vereinzelte spanische Schiffe konnten damals fliehen und die Othello schaffte es bis zu den Ostfriesischen Inseln, wo sie ausgerechnet auf eine Sandbank auflief, nachdem sie die fürchterliche Schlacht vor England überlebt hatte.

Die Besatzung des festgefahrenen Heringsloggers jedenfalls setzte einen Notruf ab und von der Insel

⌃ Der Leuchtturm ist das höchste Bauwerk auf Norderney

030no Abb.: mux

Langeoog kam ein Rettungskreuzer zu Hilfe. Die Besatzung wurde geborgen, das Schiff musste aufgegeben werden und trieb weiter auf die Sandbank. Im Januar 1968 versuchte der **Muschelbagger „Capella"** aus Bensersiel, das Schiff zu bergen und dazu einen Kanal zu schaufeln. Das Vorhaben klappte aber nicht, der ausgehobene Kanal lief immer wieder voll Wasser, bis schließlich auch der Muschelbagger auf die Sandbank trieb. Die Besatzung musste das Schiff verlassen. Durch starke Stürme wurde es schließlich auf die Insel getrieben und sitzt seitdem dort im Sand fest. Zwei Monate später konnten starke Schlepper den verunglückten Heringslogger bergen und von der Sandbank ziehen, der „Capella" dagegen war nicht mehr zu helfen. Sie lag zu weit auf der Insel im Sand und da liegt sie heute noch, schon **halb im Sand versunken**. Das Schiff ist stark verrostet und bunt bemalt und ist heute ein Ausflugsziel für Wanderer.

❯ **Erreichbarkeit:** Nur zu Fuß ab Parkplatz Ostheller. Dorthin per Auto oder Fahrrad. Per Bus gelangt man mit der Linie 4 Richtung Oase bis Haltestelle „Abzweiger Eiland", von wo es noch ca. 1,3 km bis zum Parkplatz Ostheller sind. Auf dem sieben Kilometer langen Weg vom Parkplatz zum Wrack geht man teilweise über Salzwiesen, die ziemlich feucht sein können, und man muss auch einen Wasserlauf passieren. Der Weg ist mit Pflöcken gekennzeichnet. Je nach Regenfällen und Wasserstand kann es hier sehr feucht sein! Auf dem Weg zum Wrack passiert man die Postbake und die Aussichtsdüne Möwendüne. Die **Postbake** ist heute eine Art Stangengerüst in Pyramidenform. Früher diente sie als Orientierungspunkt für die Pferdekutschen, die vom Festland kommend Personen und Post durchs Watt auf die Insel brachten. Der Kutscher orientierte sich dabei auf seinem Weg durchs Watt an Pricken, die den Weg kennzeichneten. Die Postbake signalisierte ihm, dass nun endlich wieder Land erreicht war. Die **Möwendüne** liegt etwa auf halbem Weg. Sie hat oben eine pyramidenförmige Peilmarke mit einem doppelten Dreieckstoppzeichen. Treppen führen hinauf und von oben hat man aus ca. 13 m Höhe einen schönen Rundblick. Baltrum ist erkennbar, das Festland mit seinen Windrädern, der Leuchtturm und bei gutem Wetter ganz im Hintergrund die Hochhäuser von Norderney.

△ *Noch ist das Wrack nicht völlig im Sand versunken*

Umgebungsziele

Ausflug nach Juist

Juist ist die westliche Nachbarinsel, aber obwohl sie räumlich eigentlich so nah erscheint, unterscheidet sie sich deutlich von Norderney. Mit 17 km Länge ist sie die **längste der Ostfriesischen Inseln,** allerdings beträgt die Inselbreite gerade einmal 500 bis 900 Meter. Nur 1500 Menschen wohnen auf Juist. Der **Hauptort** unterteilt sich in **Ostdorf** und **Westdorf,** außerdem gibt es noch die kleine Siedlung **Loog.**

Auch diese Insel entstand wie alle anderen Ostfriesischen Inseln durch Sandaufhäufungen, eine Besiedlung gilt seit dem 14. Jh. als erwiesen. Eine schwere Sturmflut zerriss die Insel im Jahr 1651 in zwei Teile. In späteren Jahren trafen weitere schwere Sturmfluten auf die zerrissene Insel und richteten schwere Schäden an. So ging auch mehrfach die Kirche unter. Die Teilung in zwei Inselhälften war auch der Grund, warum sich zwei Orte mit zwei Kirchen herausgebildet haben. Die räumliche Trennung wurde dann aber doch wieder überwunden, denn der beständig wehende

Wind trieb Sand vor sich her, bis die Lücke schließlich wieder geschlossen war. Es dauerte aber bis zum Ende des 19. Jahrhunderts, bis die Insel endgültig wieder geschlossen war. Durch die Sandanspülung entstand an der **Westseite** ein sehr schöner, **feinsandiger Strand.** Es gibt dort keine Buhnen und der Strand erstreckt sich über die vollen 17 Kilometer Insellänge. Das Areal zählt mit zu den schönsten Strandgebieten, die Ostfriesland zu bieten hat.

Die **Nordseite** der Insel wird durch eine **Dünenkette** geschützt, davor breitet sich der Strand aus. Die **Südseite** schützt ein 8,50 m hoher Deich, der zwischen Ostdorf und Loog verläuft. Weiterhin prägen **Salzwiesen** die südliche Inselhälfte, ein Großteil dieser Zonen gehört zum **Nationalpark Wattenmeer** und kann nicht betreten werden. Je eine Straße führt in den Osten und in den Westen der Insel, wo ganz im Osten auch der kleine Flugplatz liegt.

Der Ortsteil **Loog** liegt heute etwa 2,5 km westlich vom Hauptort und die Juister Bewohner behaupten, dass es dort noch ruhiger zugehe. Das soll schon was heißen, denn im Hauptort ist es schon ziemlich ruhig. Nur Pferdegetrappel kann regelmäßig gehört werden, denn jeglicher Transport erfolgt mit **Kutschen** und **Pferdewagen,** auch die Müllabfuhr arbeitet mit Pferden. **Die Insel ist autofrei,** es gibt nur Fahrräder und ansonsten stört kein Lärm. Die Straßen sind zumindest in den Randgebieten auf die Pferdefuhrwerke ausgelegt. Das heißt, links und rechts ist die Straße gepflastert, die Mitte der Fahrbahn bleibt sandig und da trotten die Pferde durch.

Es ist schon eine ganz andere Welt: Wer Norderney schon als beschaulich empfindet, wird hier ganz automa-

Tickets

Tickets für Schiffsausflüge, Bahntickets, aber auch Tickets und Reservierungen für die Fähre gibt es im **Hafenterminal Norderney** am Hafen [C2].

Tickets für Schiffsausflüge gibt es auch im **Reisebüro:**

■ **Reisebüro Norderney** <001> Adolfsreihe 6, Tel. 8689990, https://reise buero-ney.de, geöffnet: Mo.–Fr. 9–13, 15–18, Sa. 9.30–12.30 Uhr

031no Abb.: mux

tisch noch einen Gang herunterschalten – und sich nach der Rückkehr über die Hektik in Norderney-City wundern... Ganz sicher!

Sehenswertes auf Juist

Der Ort liegt etwa inselmittig und bleibt überschaubar, er wird in Westdorf und Ostdorf unterteilt, kann aber problemlos in einem ausgedehnten Spaziergang erkundet werden. Bereits beim Einlaufen des Schiffes in den Hafen werden ankommende Gäste von einem Juister Wahrzeichen begrüßt, dem **Seezeichen**. Dieses 17 m hohe Stahlkonstrukt ist leicht gebogen und soll an eine im Wasser treibende Boje erinnern, sie steht am Ende einer 350 m langen Seebrücke direkt an der Wasserkante.

Vom Fähranleger kommend wird rasch der **Kurplatz** im Ortskern erreicht, hier steht auch der **Musikpavillon**, wo in der Saison Kurkonzerte stattfinden. Im weiteren Umfeld dieses Platzes befinden sich einige Lokale und mehrere Geschäfte, die sich allerdings nicht selten eine ausgedehnte Mittagspause gönnen. Vom Kurplatz wird die Strandstraße erreicht, wo das Rathaus steht. Sich etwas nach rechts haltend, erreicht man dann den zentralen **Janusplatz** mit kleinem Park und einigen historischen Häusern, darunter auch an der Friesenstraße 19 das 1811 erbaute „Haus Siebje". Es zeigt stellvertretend die alte Juister Bautradition, heute ist hier ein Glasatelier untergebracht. Schon von Weitem erblickt man dann den **Wasserturm**, der sich neben dem Haus des Kurgastes auf dem höchsten Punkt der Insel vor den Dünen erhebt. Die Juister nennen diesen Turm übrigens „Doornkaatbuddel", nach einer beliebten Schnapsmarke. Von dort oben genießt man einen tadellosen Blick über die Insel und den Strand.

⌂ *Juist hat einen sehr schönen Strand*

Und dann natürlich der sagenhafte **Strand!** Vom Fähranleger kommend läuft man einfach geradeaus und stößt zwangsläufig nach wenigen Schritten auf ihn. Wie breit er ist? Irgendetwas zwischen 100 und 200 Meter, je nach Tide. Er wird begrenzt von einer Dünenkette und einer direkt dahinter verlaufenden, 1,5 km langen Promenade ohne große touristische Infrastruktur. Mitten durch die Kurpromenade verläuft auch der **siebte Längengrad**, eine Bodenplatte dokumentiert diese Stelle. An mehreren Punkten wurden Strandübergänge zwischen den Dünen geschaffen und es gibt drei Aussichtspunkte, von denen man die volle Schönheit des Strandes sehr gut betrachten kann.

❯ **Küstenmuseum Juist** <002> Loogster Pad 29, Tel. 04935 2380913, www. kuestenmuseum-juist.de, geöffnet: April–Okt. Mo.–Fr. 9.30–13 und Di.–Fr. 14.30–17.30, So. 14.30–17 Uhr, Nov.–März Di./Sa. 14.30–17 Uhr, Eintritt: Erw. 3 €, Kinder und Jugendliche 1,50 €, Familienkarte 7 €. In elf Themenräumen wird das spannende Verhältnis zwischen Meer und Mensch gezeigt und auch die Entstehung der Insel Juist und die Geschichte der Insel mit teilweise dramatischen Einzelschicksalen dokumentiert. Außerdem werden Deichbau und Küstenschutz, die jahrhundertealte Fischerei und die friesische Schifffahrt erklärt, aber auch das Thema „Seenot" nicht verschwiegen.

❯ **Kutschenmuseum Juist** <003> Dünenstraße, Ecke Karl-Wagner-Straße in Ostdorf, geöffnet: 1.5.–31.10. Mi., Sa. 16–18 Uhr, eine Spende wird erbeten. Hier findet man eine Auswahl von historischen Kutschen und weitere Ausstellungsstücke, die das Thema „Arbeiten mit dem Pferd" zeigen.

❯ **Nationalpark-Haus Juist** <004> Carl-Stegmann-Straße 5, Tel. 04935 1595,

EXTRATIPP

Inselrundfahrt mit der Kutsche
Direkt am Hafen von Juist werden Tagesgäste von Kutschern empfangen, die eine einstündige Inselrundfahrt mit einer Pferdekutsche anbieten. Anschließend bleibt noch genügend Zeit für einen „Stadtbummel" zu Fuß.

www.nationalparkhaus-juist.de, geöffnet: Mitte März–Ende Oktober Di.–Fr. 9.30–12.30, 15–18 Uhr, Sa./So. 15–18 Uhr, außerhalb der Saison Mi. 15–18 Uhr, Eintritt frei. Das Nationalpark-Haus steht unweit vom Hafen und hier wird eine gut gemachte Ausstellung zum Wattenmeer gezeigt, die tiefe Einblicke in die Tier- und Pflanzenwelt dieses einzigartigen Ökosystems bietet. So gibt es einige Schauaquarien mit Nordseebewohnern und es wird ein 9 m langes Zwergwal-Skelett gezeigt. Das Tier wurde 2001 auf Juist angespült.

㉕ Evangelisch-lutherische Inselkirche ★

Diese Kirche hatte fünf Vorgänger, die aber alle verschwunden sind. Sturmfluten, Sandverwehungen und schlichte Verwitterung sorgten im Laufe der Jahrhunderte für ihren Untergang. Die aktuelle **sechste Kirche** steht seit 1964 auf den Grundmauern einer Vorgängerkirche, der markante Turm wurde 1967 fertiggestellt.

Die Kirche ist recht klein und insgesamt sehr hell gehalten. Sie zeigt sich von einer reduzierten, leicht herben Schönheit. Statt der üblichen Bänke sind Stühle aufgestellt. Es dominieren die farbigen Glaskunstfenster, die Wassermotive der Bibel zeigen. Genau in der Mitte hängt ein Dreimast-

Votivschiff von der Decke. Ein großes Mosaik mit dem Titel „Petri Fischzug" prägt die Rückwand im Inneren. Das Kunstwerk wurde von Juister Schülern geschaffen.

> Wilhelmstraße 42, geöffnet: tägl. 8 Uhr bis Sonnenuntergang

26 Katholische Kirche zu den Heiligen Schutzengeln ★

Die kleine Kirche wurde 1911 erbaut. In ihrem Inneren dominiert ein **Freskogemälde** an der Seitenwand, das die Verkündung des Evangeliums durch den heiligen Ludger auf der alten Ostfriesischen Insel Bant im 8. Jh. darstellt. Die **Fenster im Chorraum** zeigen das Motiv „Schutzengel auf Juist" und den Heiligen Nikolaus, den Schutzpatron der Seefahrer.

> Dünenstraße 16

27 Otto-Leege-Pfad ★

Der Lehrpfad ist nach dem Forscher Otto Leege (1862–1951) benannt, der auf Juist naturkundliche Studien betrieb. Er liegt knapp 2 km östlich vom Hauptort in den Dünen und ist ein künstlerisch gestalteter Weg, der die **ökologischen Zusammenhänge auf der Insel** aufzeigen möchte. Der Lehrpfad führt ausgehend von der Flughafenstraße über 12 Stationen. Besucher wandern durch die Dünenlandschaft und passieren **Infotafeln** und auch **Kunstwerke** wie die Wasserklangschale. In einer Schutzhütte sind die Lebensdaten von Otto Leege zusammengestellt. Der Weg endet an einer Aussichtsplattform vor dem Strand.

Juist erreichen

Tagesausflüge nach Juist werden von der Reederei Cassen-Tours regelmäßig zu wechselnden Zeiten angeboten, da die Fahrt von den Gezeiten abhängig ist. Die Dauer des Ausflugs ist etwas über fünf Stunden (75 Minuten Fahrzeit und ca. 3 Stunden Inselaufenthalt), an manchen Tagen dauert der Ausflug auch 10 Stunden. Tickets (s. S. 41) gibt es im Haus Schiffahrt, im Reisebüro Norderney oder ca. 30 Minuten vor Abfahrt im kleinen Kiosk („Touren-Treff") direkt am Hafen vor Brücke 3. Ein **Shuttle-bus** bringt Gäste ca. 30 Minuten vor Abfahrt aus der Stadt zum Hafen und nach der Rückkehr des Schiffes auch wieder zurück. Haltestellen des Busses sind Elbestraße, Busbahnhof und Rosengarten.

> Infos: www.cassen-tours.de bzw. Tel. 04932 9131313, Preis: 22,50 €, Kinder 11,30 €

Gastronomie

> **Baumann's** € <005> Bahnhofstraße 4, Tel. 04935 914356, geöffnet: ab 11 Uhr. Vom Fähranleger kommend, läuft man an diesem Lokal quasi automatisch vorbei. Es ist eine Mischung aus Café und Restaurant mit einem Balkon in der oberen Etage, wo man auch sitzen kann. Zentrale Lage beim Kurplatz. Mehr wie ein charmantes Kaffeehaus eingerichtet. Es gibt Kaffeespezialitäten, Kuchen, Eis und eine Bistroküche.

> **Hohe Düne** €€ <006> Strandpromenade 5, Tel. 04935 9210972, geöffnet: tägl. ab 11 Uhr. Das Restaurant bietet norddeutsche Küche, außerdem u. a. spanische und Friesentapas, auch Wiener Schnitzel, Trüffel-Pommes oder auch Butterwaffeln. Abends wird eine spezielle Abendkarte gereicht. In der netten Schirmbar gibt es Drinks bei tollem Meerblick.

> **Kompass** €€ <007> Carl-Stegmann-Straße 5, Tel. 04935 1097, geöffnet: ab 9.30 Uhr. Das Lokal liegt unübersehbar unweit des Hafens und hat eine große Terrasse. Geboten wird eine geerdete

Küche mit Fisch- und Fleischgerichten und selbstgebackenem Kuchen.

> **Strandhalle** €€ <008> Promenade 3, Tel. 04935 805480, geöffnet: ab 10 Uhr. Hat eine bestechende Lage mit einer Terrasse direkt vor den Dünen. Geboten wird eine Tageskarte, auch Frühstück, für Kinder gibt es eine eigene Karte.

> **Velero** €€ <009> Strandpromenade 7, Tel., 04936 921522, geöffnet: ab 11 Uhr, in der Nebensaison Mo. Ruhetag. Große Terrasse, gekocht wird mit frischen, saisonalen Produkten, die Küche ist von 11 bis 15 und ab 18.30 Uhr geöffnet, von 15 bis 17 Uhr gibt es u. a. Kuchen und Waffeln. Es gibt eine Kinderkarte und auch vegetarische Gerichte. Eine nette Terrasse liegt unmittelbar bei den Dünen.

Einkaufen

> **Kees un Botterfatt** <010> Strandstr. 21, Tel. 04935 1447, geöffnet: Mo.– Sa. 8.30–12.30, 15.30–18 Uhr, So. 10–12 Uhr. Ein Käsespezialist mit großer Auswahl, u. a. auch Sanddornkonfitüren aus eigener Herstellung.

☑ *Auf Baltrum hat man auch in der Hochsaison viel Platz*

Ausflug nach Baltrum

Baltrum ist die östliche Nachbarinsel von Norderney und liegt genau **in der Mitte der Inselkette**. Wie die Baltrumer es selbst so treffend und zugleich schön ausdrücken: „Die vierte von links, die vierte von rechts". Das stimmt, und es stimmt auch, dass Baltrum **die kleinste Insel** ist, sowohl von der Fläche (6,5 km²) als auch nach Anzahl der Bewohner (475). Die Insel misst etwa 5 Kilometer in der Länge und knapp 1,5 Kilometer in der Breite. Trotz dieses beschränkten Raums gliedert sich der im Nordwesten gelegene **Inselort** in drei Teile, dem Westdorf, dem Ostdorf und dem alten Ostdorf, wobei man schon sehr genau hinschauen muss, um Trennlinien zu finden. Man spaziert sozusagen von einem Ort in den nächsten und nimmt dies meist gar nicht wahr, jedenfalls als Tagesgast eher nicht.

Von der Ostspitze Norderneys beim Wrack ㉔ kann man schon ganz gut die Häuser von Baltrum ausmachen, was zeigt, dass beide Inseln recht nah beieinander liegen. Und bei einem Tagesausflug fährt das Schiff

032no Abb.: mux

auch ziemlich dicht an der **Seehund-bank** von Norderney vorbei. Mit etwas Glück können Baltrum-Ausflügler deshalb auch im Vorbeifahren einen erstklassigen Blick auf friedlich in der Sonne auf dem Sand dösende Seehunde werfen.

Wie bei allen Ostfriesischen Inseln erstreckt sich auch auf Baltrum entlang der Nordseite ein **feiner Sandstrand**. Er läuft zur nordöstlichen Seite etwas aus und wird von einer unprätentiösen Promenade begleitet. Dort sind auch mehrere **Aussichtspunkte** in die Dünen eingelassen, von wo man tolle Ausblicke über den Strand bis aufs Meer hat, beispielsweise vom ausgeschilderten „Willy's Kiekut".

Entstanden ist auch diese Insel aus Sandverwehungen. Der Sand wurde sozusagen durch den Wind zusammengeschoben. Da die vorherrschende Windrichtung hier an der Küste West ist, verschiebt sich die ganze Insel über Jahrhunderte ganz langsam Richtung Osten. Vor mehreren Jahrhunderten lag die Westspitze von Baltrum an ganz anderer Stelle. Sie wird etwa dort vermutet, wo die heutige Ostspitze von Norderney ins Meer ragt.

Baltrum wurde 1398 erstmals urkundlich erwähnt, bereits 1660 gab es eine Pfarrstelle für die kleine Inselbevölkerung. Die früheren Kirchen sind untergegangen, genau wie so manches Haus, das der wandernde Sand oder heftige Sturmfluten unter sich begruben. Wahrscheinlich existierten bereits drei Kirchen auf Baltrum, die heute alle verschwunden sind, bevor 1826 die **Alte Inselkirche** ❸⓪ geweiht wurde. 1876 wurde Baltrum **Seebad** und ein erster, zunächst sehr bescheidener Tourismus setzte ein. Aber später kamen

schon mehr Gäste und die Alte Inselkirche war zu klein, eine neue, größere musste gebaut werden, genau wie eine weitere Kirche für die stetig wachsende katholische Gästegruppe.

Auf Baltrum lebten nie viele Menschen, möglicherweise ist auch dies ein Grund, warum die **Straßen keine Namen tragen** und die **Häuser** in der Reihenfolge ihres Entstehens **durchnummeriert** sind. Momentan geht die Zählung bis knapp über 300, allerdings existiert umgekehrt die Nummer 1 nicht mehr. Die Häuser mit den niedrigsten Nummern sind gleichwohl die ältesten. Eine der niedrigsten Nummern (8) trägt die Alte Inselkirche, aber in ihrer unmittelbaren Nachbarschaft sind auch noch niedrigere Hausnummern zu finden, bis hinunter zur Nummer 2.

Auf Baltrum fahren **keine Autos** und es gibt auch **fast keine Fahrräder**. Gäste werden gebeten, keine Räder mitzubringen und es gibt auch keinen Fahrradverleih. Der Ort wirkt insgesamt unspektakulär. Die Häuser sind meist in rötlichen Farben gehalten, stehen teilweise wie willkürlich hingewürfelt, was dem Ganzen aber auch einen individuellen Charme verleiht. Ein etwas geschäftigeres Zentrum liegt – sehr grob – zwischen Alter Inselkirche und Touristeninformation. Dort befinden sich auch wichtige Einrichtungen wie das moderne **Badeparadies SindBad**, die **Schule** und das **Haus des Gastes**. Einen besonderen Reiz – speziell für Tagesgäste von Norderney – hat ein Spaziergang auf dem Deich um die Westspitze, denn von zwei Aussichtspunkten kann man zur Ostspitze der Nachbarinsel hinüberschauen. Wer ein gutes Teleobjektiv oder ein Fernglas dabei hat, wird sicher auch das halb im Sand versunkene Wrack erkennen können.

Ein Spaziergang führt fast zwangsläufig zum Strand. Dann verliert man sich ein wenig auf den Wegen zwischen den vielen Häusern, egal ob im Ost- oder im Westdorf und genießt die einmalige Stille. Verlaufen kann man sich kaum, und selbst wenn, macht es nichts, denn der Weg zum Hafen über den Deich sollte immer zu finden sein.

㉘ Nationalpark-Haus Baltrum ★★

Das Nationalpark-Haus zeigt auf zwei Etagen eine Ausstellung zum Wattenmeer, zur Nordsee und zu Baltrum. Es gibt Modelle der Insel, zwei Schauaquarien mit Nordseebewohnern, zahlreiche Erklärungstafeln, ein Salzwiesen-Diorama und eine nachgebaute Sandbank mit ausgestopften Seehunden und Möwen.

❯ Haus Nr. 177, liegt gleich vom Hafen kommend rechts, Tel. 04939 469, Eintritt: frei, geöffnet: April bis Anfang Nov. Di.–Fr. 9.30–13, 15–18, Sa./So. 10–12, 15–18 Uhr.

▽ *Die alte Inselkirche* ㉚ *mit dem getrennt stehenden Glockenstuhl*

㉙ Museum Altes Zollhaus ★★

Das **Heimatmuseum** zeigt in vier thematisch untergliederten Räumen Interessantes zur Inselgeschichte, besonders zu den Bereichen Schifffahrt und touristische Entwicklung der Insel. Gezeigt wird die „Mutterstube", wo 140 Inselkinder geboren wurden, und es gibt Einblick in das Leben früherer Baltrumer. Auch das fürchterliche Schicksal eines Bewohners, der zu Weihnachten auf die Insel zurückkehren wollte, aber versehentlich auf einer vorgelagerten Sandbank abgesetzt wurde und im Angesicht des steigenden Wassers einen Abschiedsbrief in einer Zigarrenkiste deponierte, die später gefunden wurde.

❯ Haus Nr. 18, Eintritt: 3,50 €, geöffnet: Von den Oster- bis zu den Herbstferien Mo.–Sa. 9–12 und Mo.–Fr. 15–18 Uhr

㉚ Alte Inselkirche ★★

Die alte Inselkirche wurde im Jahr 1826 eingeweiht und ist damit die älteste der drei auf Baltrum existierenden Kirchen. Es ist ein sehr kleines, aber ausgesprochen **schmuckes Gotteshaus**, das nur von außen durch eine Glastür betrachtet werden kann.

Die Kirche hat Platz für etwa 50 Personen, die auf sechs hellblauen Bänken sitzen können.

Ein hölzerner **Glockenstuhl** steht ein paar Meter entfernt im Garten, dort hängt eine 1786 in Amsterdam gegossene Schiffsglocke, die mittlerweile zum Wahrzeichen Baltrums geworden ist. Die Alte Inselkirche wird in der Zeit von Ostern bis Ende Oktober noch für Abendandachten genutzt (Mo./Fr. 19.30 Uhr).

❯ Haus Nr. 8

🟥 **Inselkirche** ⭐

Die **evangelisch-lutherische Inselkirche** wurde von 1929 bis 1930 erbaut und im Mai 1930 geweiht. Bereits 1959 musste sie erweitert werden, damals erhielt sie ihre heutige Gestalt. Der **Turm** wurde im Jahr 1965 auf eine Höhe von 19,25 Meter ausgebaut und außerdem erhielt er eine zweite und dritte Glocke.

Im Inneren wirkt die Kirche schlicht, es fallen die **Glastüren** und die hübsch gestalteten **Fenster** auf. Altar, Kanzel und Taufstein sind ebenfalls relativ reduziert gestaltet. Sie stehen zentral vor den in Braun gehaltenen Bänken.

❯ Haus Nr. 93

🟥 **Katholische Kirche St. Nikolaus** ⭐

Die römisch-katholische Kirche St. Nikolaus ist eines der ganz wenigen Gebäude mit einem **Reetdach**. Sie wurde 1957 geweiht. Bei der **Architektur** ist berücksichtigt, dass die Inselgemeinde im Winter deutlich kleiner ist als im Sommer. Bei der Planung ging man von etwa 50 Gläubigen im Winter aus, also dauerhaft auf Baltrum Wohnenden, die dann in einer geschlossenen Rundkirche ihren Platz finden. Im Sommer dagegen, wenn durch Urlauber bis zu 300 Gläubige erwartet werden, kann man die Kirche ganz einfach vergrößern. Dazu kann ein Tor geöffnet und die gesamte Kirche um einen offenen, dreieckigen Vorhof vergrößert werden. So entsteht zusätzlicher Raum, in dem dann die restlichen Gläubigen Platz finden. Insgesamt ist die Kirche relativ schlicht, auch hier fallen die **bunten Fenster** besonders auf. Diese wurden von Margarete Franke gestaltet und zeigen Episoden aus dem Leben des heiligen Nikolaus. Der Altar steht auf drei Säulen und ist in Muschelform gehalten.

❯ Haus Nr. 34

Gastronomie

❯ **Café Kluntje** € ‹011› Haus Nr. 29, www.kluntje.com, geöffnet: Do.–Di. 11–18 Uhr. Das Café befindet sich im alten Ostdorf und es hat eine schöne historische Einrichtung, aus der besonders die Delfter Wandkacheln hervorstechen, sowie eine kleine Terrasse. Es gibt selbst gebackenen Kuchen und Torten, Ostfriesentee und kleine Gerichte. Es herrscht eine insgesamt sehr angenehme Wohlfühlatmosphäre.

❯ **Knusperhuuske** € ‹012› Haus Nr. 224a, Tel. 04939 910980, geöffnet: in der Saison: Mo.–Sa. 11–18 Uhr. Eine Mischung aus kleinem Café und Geschäft mit schönen Deko-Artikeln. Angeboten werden Kaffee, Tee und selbst gebackener Kuchen.

❯ **Strandcafé** € ‹013› Haus Nr. 70, Tel. 04939 200, geöffnet: tägl. 11–21 Uhr, Sa. bis 2 Uhr. Das Lokal liegt an einem der Hauptstrandübergänge, hat vor der Tür einladend Bänke und Tische stehen und bietet eine schnelle Bistroküche, aber auch leckeren Kuchen.

❯ **Teestube** €€ ‹014› Haus Nr. 149, Tel. 04939 600, geöffnet: Fr.–Mi. 11–23 Uhr. Das Haus steht leicht erhöht.

Es ist von einem Garten umgeben und authentisch im friesischen Stil eingerichtet. Serviert werden u. a. Fisch- und Fleischgerichte („auch mal anders", wie von den Betreibern betont wird), Pasta, Salate, selbst gebackener Kuchen und Eis.

Baltrum erreichen

Die Reederei Cassen-Tours fährt meist einmal pro Woche zu wechselnden Zeiten von Norderney nach Baltrum. Die Tour dauert etwa fünf Stunden und kostet 21,50 €, die reine Fahrtzeit beträgt 75 Minuten. Details zum Ticketverkauf s. S. 41.

☑ *Alles über Emdens berühmtesten Sohn Otto Waalkes erfährt man im Otto Huus* **34**

Zwischenstopp in Emden

Emden gilt mit rund 50.000 Einwohnern als **größte Stadt in Ostfriesland** und eine der ältesten ist sie ebenfalls. Friesische Handelsreisende ließen sich bereits im 9. Jahrhundert an der Ems nieder, nicht weit entfernt von der Stelle, wo der Fluss in die Nordsee mündet. Der Ort war geschickt gewählt, nahm man die kleine Siedlung vom großen Meer kommend doch zunächst gar nicht recht wahr. Umgekehrt hatten es die Händler und Fischer nicht weit, bis zur offenen Nordsee zu gelangen. Der Hafen blieb auch später für das Wohlergehen der Stadt immens wichtig. Einmal allerdings setzten die Emder im 15. Jh. aufs falsche Pferd. Als sie nämlich den Piraten **Klaus Störtebeker** unterstützten, gab es prompt Ärger mit der mächtigen Hanse. Aber das regelte sich später wieder. 1495 erhielt die Stadt das **Stapelrecht**, was besagte, dass vorbeifahrende Handelsschiffe zunächst für

063no Abb.: h)

drei Tage ihre Waren auf dem Emder Markt anbieten mussten. Im 16. Jahrhundert kamen calvinistische **Niederländer** in die Stadt und brachten neue Ideen und Kontakte mit, was sich auch auf den Wohlstand der Stadt auswirkte. Der **Hafen** entwickelte sich über all die Jahre gut und behielt trotz mancher Kriege bis heute seine wichtige Stellung. Seit 1964 baut VW hier in einem riesigen Werk Autos und über den Hafen werden noch immer Neuwagen ins Ausland verschifft. Auch die Offshore-Industrie nutzt den Hafen verstärkt.

Kulturell hat Emden auch einiges zu bieten. Verantwortlich sind dafür zwei große Söhne der Stadt: **Henri Nannen** und **Otto Waalkes**. Der frühere Stern-Chef Henri Nannen hinterließ eine einzigartige Kunstsammlung, die heute in der **Kunsthalle Emden** ❸❸ gezeigt wird. Dem Komiker Otto Waalkes ist ebenfalls ein ganzes Haus gewidmet, **Dat Otto Huus** ❸❹, in dem auf Otto-typische Art die Karriere des Blödelbarden gewürdigt wird. Ganz in der Nähe vom Otto Huus liegt nahe am Hafen das **Ostfriesische Landesmuseum** ❸❺, in dem Einblicke in die Kulturgeschichte Ostfrieslands gegeben werden.

❸❸ Kunsthalle Emden ★★★

Henri Nannen stiftete die Kunsthalle 1986 seiner Heimatstadt Emden und brachte auch gleich 650 Kunstwerke ein, die er im Laufe sei-

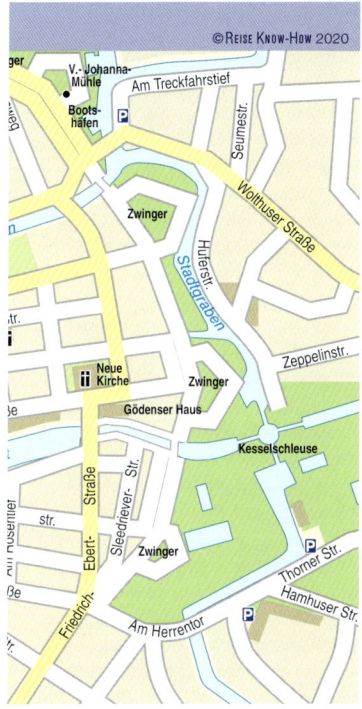

nes Lebens gesammelt hatte. Etwa 200 Werke stammen von Otto van de Loo, die dieser 1997 der Kunsthalle schenkte. Heute verfügt die Sammlung über einen Bestand von etwa 1500 Bildern, die hauptsächlich der klassischen Moderne und der zeitgenössischen Kunst entstammen. Sie werden in thematisch wechselnden Ausstellungen gezeigt.

> Hinter dem Rahmen 13, vom Bahnhof in gut 5 Minuten Fußweg erreichbar (ausgeschildert), Tel. 04921 97500, www. kunsthalle-emden.de, Eintritt: 10 €, erm. 8 €, Kinder bis 17 Jahre frei, jeden ersten Dienstag im Monat 17–21 Uhr 4 €, geöffnet: Di.–Fr. 10–18, Sa./So./Fei. 11–18 Uhr, erster Dienstag im Monat 10–21 Uhr

> Parken: Im Parkhaus am Wasserturm (fürs Navi: Abdenastraße 17) können Besucher vier Stunden kostenlos parken. Dazu muss man das Parkticket an der Museumskasse entwerten lassen.

34 Dat Otto Huus ★★

Otto Waalkes, gebürtiger Emder, hat hier sein eigenes Museum, aus dem schon ein Ottifant von oben schmunzelnd auf die Besucher herabblickt.

Unten befindet sich ein **Fanshop**, in dem man alles Erdenkliche kaufen kann, auf das sich ein Ottifant drucken lässt. Oben geht es mit einer **Ausstellung** zum Leben von Otto Waalkes weiter. Eine Menge Erinnerungsstücke zu seiner einzigartigen Karriere sind hier zu finden, z. B. Fotos, Poster, goldene Schallplatten und andere Otto-typische Artikel und Memorabilia. Im Obergeschoss laufen dann im Otto-Kino Ausschnitte aus seinen Filmen und TV-Sendungen, die man sich in aller Ruhe zu Gemüte führen kann.

> Große Straße 1, Tel. 04921 22121, www.ottifant.de, Eintritt: 2 €, geöffnet: April–Dezember Mo.–Fr. 9.30–18, Sa. 9.30–14 Uhr, April–Oktober auch So. 10–16 Uhr

35 Ostfriesisches Landesmuseum, Rathaus am Delft ★★

Hier wird durch Gemälde, Skulpturen, Landkarten, Schmiedekunst u. a. die **Kunst-, Kultur und Landesgeschichte von Ostfriesland** beleuchtet. Außerdem sind Exponate der niederländischen Malerei des 17. und 18. Jh., das Emder Ratssilber und eine 1907 gefundene Moorleiche zu sehen.

Die große **Rüstkammer** zeigt eine der größten Waffensammlungen Deutschlands. Sie existiert bereits seit 1582! Ergänzt wird diese Dauerausstellung durch thematisch wechselnde **Sonderausstellungen**.

> Brückstraße 1, Tel. 04921 872058, www.landesmuseum-emden.de, Eintritt: Erw. 8 €, ermäßigt 4 €, Kinder bis 15 Jahre frei, Familien 14 €, geöffnet: Di.– So. 10–17 Uhr

Emden erreichen

Emden liegt etwa 40 km vom Fährhafen Norddeich entfernt, viele Norderney-Urlauber passieren die Stadt bei ihrer An- und Abreise, da sowohl die Bahnlinie als auch die nach Süden verlaufende A31 über Emden führt. Von Norderney fährt man über die B72 und später über die B210 nach Emden. Von Norddeich fahren etwa stündlich Züge zum Emder Hauptbahnhof. Durch die insgesamt gute Anbindung lässt sich ein Tagesausflug sogar von der Insel Norderney aus organisieren. Bahnfahrer können sich bereits auf Norderney im Fährterminal am Hafen am dortigen Bahnschalter ein sogenanntes Niedersachsen-Ticket kaufen.

Zwischenstopp in Norddeich

Norddeich ist ein Stadtteil der Stadt Norden und hier befindet sich der **Fährhafen** für Juist und nach Norderney. Hier enden auch die Bahnlinie und die Straßenverbindung B72 unmittelbar am Fähranleger, aus diesem Grunde ist der kleine Ort hauptsächlich für den Durchgangstourismus interessant. Wer etwas Zeit mitbringt oder eventuell auf seine Fähre warten muss, kann einen Spaziergang auf dem **Deich** machen, der unmittelbar neben dem Fährterminal beginnt. Dort gibt es zunächst noch ein Hafenbecken, in dem hauptsächlich Segelboote liegen, dann folgen ein Grünstrand mit Strandkörben und schließlich ein Freibad mit kleinem Sandstrand. Jenseits des Deichs liegt der eigentliche **Ort**, dessen touristische Zone sich hier mit einigen Lokalen, Hotels und Sehenswürdigkeiten konzentriert. Diese sind vor allem entlang der Norddeicher Straße und des Dörper Weges zu finden. Beide sind vom Hafen rasch zu Fuß erreicht.

064no Abb.: fo©Wolfgang Buchholz

Norddeich

0 ▬▬▬ 200 m
© Reise Know-How 2020

■ Essen und Trinken
1 Café Utkiek
2 De Wattlooper
3 Pfannkuchenhaus

■ Aktiv
4 Erlebnispark Norddeich
5 Ocean Wave
6 Seehundstation
   Nationalpark-Haus

NORDSEE

Fähre n. Norderney
WEST-HAFEN
Bahnhof Mole
Fähre n. Juist
OST-HAFEN
YACHT-HAFEN
Autoabgabe
Tunnelstr.
Bahnhof Norddeich
Frisia-Großgarage
Grünstrand
Hafenstraße
Norddeicher Straße
Freibad
Badestraße
Strandstraße

❯ **Automuseum Nordsee** <015> Ostermarscher Weg 29, Tel. 04931 9187911, www.automuseum-nordsee.de, geöffnet: April–Oktober tägl. 11–8, November–März Sa./So./Fei. 11–18 Uhr, Eintritt: 6,50 €, Kinder 2,50. Für Autofans lohnt ein Besuch dieses etwas skurrilen Museums, denn der Betreiber hat eine Vielzahl von Oldtimern und speziellen Automobilen, die teilweise in Filmen mitgespielt haben, zusammengestellt und kann zu

◁ *Von hier geht es nach Norderney: der Fährhafen von Norddeich*

jedem Fahrzeug etwas erzählen. Man betritt das Gelände durch einen Torbogen aus alten Porsche-Fahrzeugen.

■ Erlebnispark Norddeich <016> Dörper Weg 25, Tel. 04931 917683, www.abenteuer-golfpark.de, geöffnet: Anfang April bis Anfang November täglich ab 10 Uhr, geschlossen wird je nach Jahreszeit, Wetter und Andrang zwischen 18 und 22 Uhr, Eintritt Irrgarten: Erwachsene ab 17 Jahre 4 €, Kinder (5–16 Jahre) 3,50 €, Eintritt Golfpark: Erwachsene 6 €, Kinder 4,50 €, Familienkarte 15,50 €. Direkt neben dem Ocean Wave liegt ein Erlebnispark, in dem sich ein Irrgarten mit 20 integrierten Rätselstationen und insgesamt 1000 m Wegen befindet. Weiterhin gibt es hier einen Abenteuer-Golfplatz mit 18 Bahnen auf Kunstrasen, die Felder sind größer als beim Minigolf. Ergänzt wird das Angebot von einem Märchenschiff und einem Rundzelt, in dem an bestimmten Terminen Märchen erzählt werden.

■ **Ocean Wave** <017> Dörper Weg 23, Tel. 04931 986300, www.ocean-wave.de, geöffnet: Badedeck Mo.–Fr. 10–21, Sa./So. 10–20 Uhr, Sauna Mo.–Fr. 10–22, Sa./So. 10–21 Uhr, Eintritt Badedeck: 90 Minuten: Erw. 7,50 €, Kinder bis 17 Jahre 5,50 €, 4-Stunden-Ticket: 9,50/7,50 €, Tagesticket: 10, 50/8,50 €, Eintritt Sauna: 4-Stunden-Ticket 13 €, Tagesticket 18 €. Das Ocean Wave ist ein großes Spaßbad mit mehreren Bereichen, wo man sowohl drinnen als auch draußen baden kann. Von einem Leuchtturm schlängelt sich eine 101 m lange Rutsche hinunter. Obendrein gibt es eine Zone mit unterschiedlichen Sauna-Angeboten (Dampfbad, finnische Sauna, Entspannungsbecken).

■ **Seehundstation Nationalpark-Haus** <018> Dörper Weg 24, Tel. 04931 973330, www.seehundstation-nord deich.de, geöffnet: täglich 10–17 Uhr, Fütterung um 11 und 15 Uhr, Eintritt: Erw. 7 €, Kinder (4–17 Jahre) 4 €, Kinder unter 4 Jahren frei, Familienkarte 19 €, auch Kombikarte mit Waloseum: Erwachsene 12 €, Kinder 7 €, Familienkarte 29 €. Die Seehundstation existiert seit 1971 und hier werden kleine Seehunde („Heuler"), die von ihrer Mutter getrennt wurden, wieder aufgepäppelt. Es werden kleine Heuler aus dem gesamten Niedersächsischen Wattenmeer hierher gebracht, eine ähnliche Seehundstation gibt es in Schleswig-Holstein in Friedrichskoog. Jedes Jahr werden in der Station zwischen 30 und 90 Tiere aufgezogen und nach etwa drei Monaten wieder zurück in die Nordsee verbracht. Außerdem gibt es noch eine gut

gemachte Ausstellung zum Thema Artenvielfalt im Wattenmeer.

❭ **Waloseum** <019> Osterlooger Weg 3, Tel. 04931 973330, geöffnet: November–März: Sa./So. 10–17, in den Ferien und April–Oktober 10–17 Uhr, Eintritt: 7 €, Kinder (4–17 Jahre) 4 €, Familienkarte 19 €, auch Kombikarte mit Seehundstation: Erwachsene 12 €, Kinder 7 €, Familienkarte 29 €. Etwas außerhalb des Ortskerns (etwa 5 km) befindet sich das sogenannte Waloseum in der ehemaligen Sendestation von Norddeich-Radio. Hier werden die verschiedenen Meerestiere und Vertreter der Vogelwelt vorgestellt. Im Mittelpunkt der Ausstellung steht ein 15 m langes Skelett eines Pottwals, der 2003 vor Norderney gestrandet ist. Eine Sonderausstellung erinnert an die ehemalige Küstenfunkstelle Norddeich-Radio.

Gastronomie

■ **Café Utkiek** €€ <020> Badestraße 1, Tel. 04931 8062, geöffnet: zwischen Oster- und Herbstferien täglich ab 11 Uhr. Liegt toll direkt hinterm Deich und man kann vom Innenraum wunderbar aus großen Fenstern auf die Nordsee und den Hafen schauen. Serviert werden Fisch- und Fleischgerichte, es gibt auch eine Kinderkarte.

■ **De Wattlooper** €€ <021> Norddeicher Straße 202, Tel. 04931 917555, geöffnet: tgl. 8–10 (Frühstücksbüfett), Fr.–Mi. 11.30–14.30, 17–22 Uhr. Etwas schickere Einrichtung, vor dem Haus gibt es eine kleine Terrasse. Im Angebot sind Fisch-und Fleischgerichte, Suppen, kleine Gerichte und auch Kinderteller.

■ **Pfannkuchenhaus** € <022> Norddeicher Straße 204, Tel. 04931 917550, geöffnet: Mi.–Mo. 11–14, 17–22 Uhr. Bietet „40 x Pfannkuchen, 30 x Crêpes", hat aber auch Fleisch- und Fischgerichte im Angebot, außerdem gibt es Gerichte für Kinder.

NORDERNEY AKTIV

Baden

Bereits bei der Anreise kann man einen Teil der Strände von der Fähre aus sehen und in der Tat wird der **Ort Norderney** an drei Seiten von Stränden begrenzt. Nur die südliche Zone beim Hafen an der Wattseite hat keinen Strand. Auf der gegenüberliegenden Seite zieht sich der feine Sandstrand dagegen über 14 km bis hoch zur äußersten Ostspitze.

Die Strände sind bewacht, Badezeit ist meist ab 11 Uhr. Die **Rettungsschwimmer** sind an ihren roten Shirts gut zu erkennen. **Bewachte Badebereiche** sind durch Leinen begrenzt, die zwischen Holzdalben gespannt sind. Bei unpassender Witterung kann das Baden auch verboten sein, angezeigt wird dies durch eine rote Flagge.

◁ *Vorseite: Morgendliche Strandgymnastik*

▽ *Blick auf Norderneys Weststrand*

> **Rot-gelbe Flagge:** Baden erlaubt, der Badebereich ist bewacht
> **Zusätzliche gelbe Flagge:** Baden ist gefährlich, der Badebereich ist bewacht
> **Rote Flagge:** Baden verboten, der Badebereich ist nicht bewacht

An allen Strandabschnitten können **Strandkörbe** gemietet werden, dies kann vor Ort geschehen oder bereits im Vorfeld von zu Hause aus unter www.norderney.de. Man kann direkt online buchen oder sich ein Formular zuschicken lassen. Zu finden ist es unter dem Menüpunkt „Meine Insel" und dann unter „Strandgut". Es befindet sich aber auch im Unterkunftsverzeichnis.

Weststrand

Diese Zone hat einen eher schmalen Strand. Sie befindet sich direkt vor der Promenade mit etlichen Hotels und Ferienwohnungen, was vom Meer aus betrachtet einen tollen Anblick bietet. Die Promenade fällt zum Strand hin ab, mit einem steinernen

035no Abb.: mux

Deckwerk, das optisch vielleicht nicht ganz so schön aussieht, aber seinen Zweck als Küstenschutz erfüllt. Insgesamt ist der Weststrand von der Stadt aus am schnellsten zu erreichen und umgekehrt hat man es als Gast vom Strand nicht sehr weit bis zu einem Lokal. Die Schiffe fahren relativ nah vorbei, da die Fahrrinne hier küstennah verläuft.

Der Strand ist windgeschützt, was sich aber etwa in Höhe der Milchbar (s. S. 85) spürbar ändert. Speziell von hier kann man auch die spektakulären **Sonnenuntergänge** verfolgen, dann treffen sich hier allabendlich Hunderte von Urlaubern, um diese einmalige Stimmung mitzuerleben. An diesem Strand findet alljährlich vor Tausenden Schaulustigen auch das **Neujahrsbaden** statt.

Nordstrand

Der Nordstrand liegt ebenfalls gerade noch im Stadtbereich, er zeigt sich schon deutlich breiter, bei Ebbe kann er sich bis auf 200 m ausdehnen. Mit der **Georgshöhe** ❿ und den dortigen Lokalen hat sich ein beliebter Anziehungspunkt entwickelt, der auch und gerade zum **Sonnenuntergang** immer sehr voll ist. Der Strand ist bewacht. Viele Urlauber kommen hierher, da die Strandzone von der Stadt aus recht einfach zu erreichen ist. Anfänglich wird der Strand noch von Häusern begrenzt, aber ein Großteil wird von Dünen begleitet. Die Strandpromenade zieht sich jenseits vom Café De Vries (s. S. 85) vor den Dünen entlang. Der Nordstrand geht in seinem Verlauf nahtlos in den Oststrand über.

❯ Tipp: Fitness von Mitte Mai bis Mitte September Do.–Di. mehrmals täglich am Nord- und am Weststrand

Badekarren

*Ein Badekarren ist eine **hölzerne Umkleidekabine** auf zwei oder vier Rädern. Genutzt wurden sie vor allem **im 19. Jh.** von Frauen, aber nicht ausschließlich. Die Damen betraten diese Karren in Alltagskleidung und zogen sich im Inneren um, ihre Badekleidung war allerdings kein Bikini oder Ähnliches, sondern bedeckte den Körper von den Schultern bis zu den Waden. Dann wurden die Karren von einem Badehelfer ins Wasser geschoben oder von Pferden gezogen. Hinten befand sich eine zweite Tür und dort stieg man dann über eine Treppe ins Wasser, das dort nicht allzu tief war, denn schwimmen konnte kaum jemand. Die Damen, aber auch die Herren in „ihrem" eigenen Badebereich, plantschten im Wasser herum und stiegen über die Treppe wieder in den Karren zurück, wo man sich erneut umkleidete. Der Badekarren wurde dann zurück zum Strand zurückgebracht.*

037no Abb.: mux

036no Abb.: mux

Oststrand

Der Oststrand liegt schon ein paar Kilometer außerhalb des Ortes und zeigt sich sehr breit, selbst bei Flut. Begrenzt wird er von einem Dünengürtel und dazwischen bleibt ziemlich viel Platz rund ums Handtuch. Es ist

Strandkorb-Tarife
(Stand Dezember 2019)

> Liegekorb: 11 € pro Tag, ab 7 Tagen Mietdauer 10 € pro Tag
> **Abschließbarer Liegekorb:** 12 € pro Tag, ab 7 Tagen Mietdauer 11 € pro Tag
> Wer seinen Strandkorb bis zum 31.5. vorbestellt, bekommt einen **Frühbucherrabatt** in Höhe von je 1 € pro Tag.
> Eine Nacht im **Schlafstrandkorb?** Der Korb für Zwei (1,30 m x 2,40 m) kann mit einer wetterfesten Plane komplett verschlossen werden. Zwischen Mitte April und Mitte September sind die Körbe über die **Zimmervermittlung Norderney** (s. S. 126, auch online) oder direkt über den **Strandkorbvermieter Weiße Düne** zu buchen, Frühstück in der Weißen Düne (s. S. 87, 14 €) kann extra gebucht werden. Eine Nacht kostet 89 €.

eine ausgesprochen schöne Strandzone. **Strandkörbe** stehen im Bereich der Weißen Düne (s. S. 87). Hierher kommen auch sehr viele Gäste, weil die Stelle gut mit Bus oder Rad erreichbar ist. Selbst Autos können hier parken, wenn auch nicht viele. Wer bereit ist, ein wenig am Strand zu laufen, findet aber noch immer einen sehr ruhigen und fast noch einsamen Platz. Im Bereich der Weißen Düne befindet sich auch ein **Hundestrand**.

FKK-Strand

Diese Strandzone, genannt Oase, liegt recht weit im Osten, knapp 6 bis 7 km vom Ort Norderney entfernt. Es wird darauf geachtet, dass man dort auch wirklich nackt ist. Ein deutlicher Hinweis auf Plattdüütsch steht am Strand zwischen den Dünen und weist daraufhin, dass Angezogene hier bitte nicht weiter gehen sollten: „Hier sall de Büx ut". Direkt am Strand gibt es **Strandkörbe**, einen keinen **Kiosk** und eine **Sauna**, jenseits der Dünen wartet das Lokal **Strandpieper** (s. S. 87) auf Gäste. Dort, an einem Parkplatz, endet auch die Buslinie 5.

⌃ *Milde abendliche Stimmung am Oststrand*

My Strandkorb is my castle

Die Sonne brennt vom Himmel, ein laues Lüftchen weht vom Meer, das monotone Brechen der Wellen macht schläfrig, wohlig rekelt sich der Urlauber, die Augen fallen zu. Entspannung! Wie Perlen an einer Kette stehen sie, alle in Blickrichtung zur Sonne gerichtet. Von wem die Rede ist? Von Strandkörben natürlich. Kein Urlaub am Meer ohne Strandkorb. Wer sich keinen mietet, dem entgeht etwas.

Alte Chroniken berichten, dass 1882 ein Korbmachermeister aus Rostock einer rheumageplagten Urlauberin einen Wäschekorb als Sitzgelegenheit zur Strandbenutzung umbaute. Eine Idee war geboren und trat ihren Siegeszug an der Ostseeküste an. Schon ein Jahr später wurden die ersten Körbe vermietet, von der Frau des Korbmachermeisters. Und dann ging es etwa ab der Jahrhundertwende auch bald richtig los. Ein ehemaliger Lehrling des Korbmachers stieg in den 1920er-Jahren zum größten Hersteller von Strandkörben überhaupt auf. Beschleunigt wurde die Entwicklung durch die Gründung von immer mehr Seebädern und gleichzeitig durch immer bessere Bahnanbindungen.

Kuriose Modelle gab es auch: zusammenlegbare Körbe, als Boot nutzbare und sogar drehbare (auf Kugellagern). Das Grundmodell hat sich aber seit den Anfängen kaum verändert. Immer mehr Urlauber finden so sehr Gefallen an den gemütlichen „Zweisitzern", dass sie sich extra einen für den heimischen Garten herstellen lassen. Mehrere Firmen produzieren für den Kurgast, etwa 1785 Euro kostet ein schicker, persönlicher Strandkorb. Warum ist er nun so beliebt? Zeigt er den Rückzug ins Private, selbst am Strand? My Strandkorb is my castle? Vielleicht ist es ja viel profaner, nämlich einfach nur gemütlich! Der Urlauber mietet sich einen Strandkorb, der in 14 Tagen zu „seinem" wird. Ein zweites Zuhause, ein „home away from home".

Aber wie wird ein x-beliebiger zu einem persönlichen Strandkorb? Durch die Nummer! Unübersehbar prangt sie auf der Rückseite und macht jeden Korb unverwechselbar. An praktischen Details wären da noch die außen angebrachten Handschlaufen. Zwei Mann, zwei Ecken und schon wird er etwas gedreht, schön hinein in die Sonne, den Wind (hoffentlich) im Rücken. Dann die Verriegelung kurz ausrasten lassen, das ganze Ding in Rückenlage stellen und jetzt noch das Fußteil ausziehen - hier werden T-Shirt und Sonnencreme verstaut. Danach klappt man ein kleines Brettchen und platziert die Getränke. Schließlich hängt man noch das Handtuch über die in Kopfhöhe gespannte Schnur - und endlich kann man sich fallen lassen! My Strandkorb is my castle!

038no Abb.: mux

083no Abb.: hj

Wassersport

Wind- und Kitesurfen

Da Norderney im Nationalpark Niedersächsisches Wattenmeer liegt, ist das **Kitesurfen** eigentlich verboten. „Eigentlich" heißt, dass es unter bestimmten Voraussetzungen doch betrieben werden kann, aber unter **strengen Auflagen.** Zwischen 1. April und 31. Oktober darf täglich ab 10 Uhr bis eine Stunde vor Sonnenuntergang zwischen Strandaufgang Nordbad beim Café De Vries (s. S. 85) – östlich vom Badefeld Mainstraße – und Strandaufgang Weiße Düne (s. S. 87) gekitet werden. In den Badefeldern darf nicht gekitet werden, markierte Pfähle im Wasser zeigen die Begrenzungen an. Auf der Wattseite gibt es eine kleine Fläche für Schulungszwecke, allerdings auch nur unter strengen Auflagen: nur in der Zeit vom 1.5. bis zum 31.8. für sehr kleine Gruppen, maximal dürfen nur fünf Schirme am Himmel sein.

Der Norderneyer **Windsurfer** Bernd Flessner gewann 1992 erstmals die deutschen Meisterschaften, insgesamt holte er 16 deutsche Meisterschaften und er lebt immer noch auf Norderney, auch nachdem er 2013 seine Karriere nach 25 Jahren als Profi-Surfer beendete. Das zeigt, dass es hier vor Norderney gute Surfbedingungen gibt. Einsteiger nutzen eher die ruhige Seite am Wattenmeer, wo man sich in einer geschützten Bucht das Surfen von einer der besten und größten Surfschulen Deutschlands beibringen lassen kann.

■ **Happy Surf Schule** <023> Am Hafen 17, Tel. 648, www.surfschule-norderney. de. Von Mitte März bis Mitte Oktober werden Kurse angeboten, sowohl für Kinder ab 7 Jahren als auch für Erwachsene. Einsteiger üben mit ihren Boards und den knallroten Segeln in der ruhigen Surfbucht. Kitesurfen wird auch angeboten, aber da es nur unter strengen Auflagen möglich ist (Lage der Insel im Nationalpark), unbedingt genau vorher informieren.

Segeln und Bootfahren

■ **Segelschule Norderney** <024> Am Hafen, Tel. 0175 7663737, www.segelschule-norderney.de. Bietet auch Segelkurse für Kinder an. Wer nicht gleich einen Segelschein machen möchte, kann auch mal einen Segeltörn zum Mitsegeln buchen (Dauer: drei oder gar sechs Stunden), wobei es auch zu einer benachbarten Insel gehen kann.

Wandern

Eine klassische Wanderinsel dürfte Norderney wohl kaum sein, dennoch kann man hier wunderbare Wanderungen durch die Natur unternehmen. Am Strand kann man theoretisch die gesamte Länge über 14 km vom Ort bis ganz in den Osten beim Wrack zurücklegen, aber leider müsste man auch noch gut 7 km bis zur nächsten Bushaltestelle zurücklaufen. Mehrere Wege führen auch durch die Dünen und vorbei an einigen Aussichtspunkten. Ein weiterer spannender Weg führt um das Naturschutzgebiet Südstrandpolder herum.

Auf Norderney wurden sechs Wanderwege angelegt und beschildert, fünf davon sind Streckentouren mit einer Länge von 3,6 bis zu 13,7 km. Diese Wege sind durchaus schön, man muss sich allerdings jeweils selbst um den Rücktransport bemühen. Im Folgenden sind drei Vorschläge zusammengestellt, die exemplarisch für Touren in die unterschiedlichen Naturzonen stehen. Dabei geht es einmal über den feinen Sandstrand, dann durch die wunderschöne Dünenlandschaft und schließlich auf dem Deich um ein Feuchtgebiet herum. Man kann so wandernd drei unterschiedliche Vegetationsstufen kennenlernen.

Wanderung 1: Zum Wrack

Ausgangspunkt ist der **Parkplatz Ostheller.** Von dort erkennt man zwei Wege, einer führt durch die Inselmitte, der andere an der kleinen Hütte vorbei zum Wasser, diesem folgen wir. Zunächst ist es noch ein befestigter Weg, der später durch eine beeindruckende Dünenlandschaft über lockeren Sand führt. Alsbald öffnet

❯ **Charakter:** Wer am Wasser entlanggeht, wandert durch totale Einsamkeit. Die meisten Wanderer ziehen aber den etwas kürzeren Weg durch die Inselmitte vor. Dort sind deswegen auch mehr Leute unterwegs. Am Strand läuft man über losen Sand, in der Inselmitte zumindest teilweise über Salzwiesen, die durchaus feucht sein können.

❯ **Ausgangs-/Endpunkt:** Parkplatz Ostheller [G2] im Osten der Insel

❯ **Länge:** 14 km

❯ **Dauer:** Etwa 4 Stunden, da man lange Zeit durch losen Sand geht, dauert es etwas länger. Außerdem dürfte ein kleiner Aufenthalt beim Wrack ㉔ mit Betrachtung der Seehunde aus der Ferne obligatorisch sein.

❯ **Anfahrt:** Mit dem Fahrrad, Auto oder Taxi (ca. 20 €) bis Parkplatz Ostheller oder mit Bus Nr. 4 bis Haltestelle „Abzweiger Eiland", von dort sind es noch 1,3 km entlang der Straße bis zum Parkplatz. Abfahrtzeiten von Norderney: ab Busbahnhof um 9.50 Uhr, danach 10.40, 11.55 Uhr, zurück vom Abzweiger Eiland: 12.11, 13.21, 15.11, 15.56, 16.56 Uhr, (Zeiten bitte vorher prüfen, sie können sich ändern).

❯ **Einkehr:** Unterwegs gibt es keine Einkehrmöglichkeit, etwa einen Kilometer entfernt vom Parkplatz befindet sich an der Hauptstraße der Kiosk Moni's Ostende.

❯ **Variante:** Man kann den Weg durch die Inselmitte natürlich auch hin und zurück laufen (einen Kilometer kürzer), würde aber die grandiose Sand- und Dünenlandschaft am Wasser verpassen.

◁ *Surfeinsteiger üben an der ruhigen Wattseite der Insel*

sich ein regelrechtes Sandtal und man fühlt sich fast wie in einer Wüste. Schon hier herrscht tiefe Stille und absolute Einsamkeit. Das Wasser wird nach einem knappen Kilometer erreicht. Weit im Hintergrund erhebt sich der Leuchtturm aus den Dünen und an der Wasserkante sieht man das helle Servicegebäude an der FFK-Zone vom Strandgebiet Oase (s. S. 58).

Der **Strand** ist hier etwa 300 m breit und nur einige wenige Vögel begleiten den Wanderer auf seinem Weg zur Inselostspitze. Auf den nächsten vier Kilometern ändert sich wenig an diesem Bild, nur der Leuchtturm wird immer kleiner. Umgekehrt rückt die Nachbarinsel Baltrum immer näher, so langsam erkennt man die Häuser immer deutlicher. Ansonsten bleibt man unter sich in der Einsamkeit aus Wasser, Sand und Dünen – eine grandiose Szenerie. Nach insgesamt sechs Kilometern nähert man sich

⌂ Der Weg zum Wrack
führt durch die Dünen

langsam der **Inselspitze**, der Strand beschreibt eine weit ausholende Krümmung, die Dünenkette endet und flacht ab. Man nähert sich dem abgesperrten Endpunkt im Osten, der unter Naturschutz steht.

Nach 7,5 km wird das **Wrack** ㉔ erreicht, das schon ziemlich tief in den Sand eingesunken ist. Das Schiff ist stark verrostet und mit Graffiti übermalt. Der mit einem Zaun abgesperrte Teil zählt zum Gebiet des Nationalparks Wattenmeer und darf nicht betreten werden, denn dort befindet sich am Wassersaum ein Liegeplatz für **Seehunde.** Man kann sie aus der Distanz erkennen.

Zurück geht es dann **durch die Dünen,** ein Zaun weist zunächst den Weg, später sind es Holzpfähle mit einer weiß-grünen Markierung. Der Weg führt schließlich über **Salzwiesen,** die ziemlich feucht sein können, und gelegentlich quert man sogar kleine Wasserläufe. Man sollte also für diese Wanderung nicht gerade die allerbesten Schuhe anziehen. Auch diese Landschaft ist beeindruckend, jetzt liegen die Dünen rechts und

040no Abb.: mux

Routenverlauf im Inselplan
Die hier beschriebenen Wanderungen
sind mit farbigen Linien im Inselplan
eingezeichnet.

links, dazwischen schweift der Blick
zum Wattenmeer. Allerdings muss
man in diesem Abschnitt schon aufpassen, wo man hintritt, da es viele
feuchte Stellen gibt. Der Weg ist relativ schwach ausgetreten, die grün-
weißen Holzpfähle geben die Richtung vor. Nach etwa zwei Kilometern
wird diese Salzwiesen-Ebene verlassen und man läuft wieder auf Sand-
wegen. Nach einem weiteren Kilometer wird die **Möwendüne** erreicht,
wo oben eine pyramidenförmige Peilmarke mit einem doppelten Dreieck-
toppzeichen steht – ein Seezeichen
an Land. Treppen führen hinauf und
von oben hat man aus ca. 13 m Höhe
einen schönen Rundblick. Baltrum ist
erkennbar, das Festland mit seinen
Windrädern, der Leuchtturm und bei
gutem Wetter ganz im Hintergrund
die Hochhäuser von Norderney.

Zwei Kilometer weiter passiert man
in einiger Entfernung die **Postbake**.
Sie ist heute eine Art Stangengerüst
in Pyramidenform. Früher diente sie
als Orientierungspunkt für die Pferdekutsche, die vom Festland kommend
Personen und die Post durchs Watt
auf die Insel brachte. Der Weg durchs
Watt war durch Pricken gekennzeichnet. Die Postbake signalisierte dem
Kutscher, dass nun endlich wieder
Land erreicht war.

Weiter geht es durch die Dünen
und der letzte Kilometer führt erneut
über ein Wiesengelände. Nach 6,5 Kilometern (vom Wrack aus gemessen)
wird wieder der Parkplatz Ostheller
erreicht.

Wanderung 2: Zur Weißen Düne

Gestartet wird an der **Georgshöhe 10**.
Es geht parallel zum Strand auf dem
Deich und der Promenade entlang. In
diesem Bereich ist noch relativ viel
los, dann endet die Promenade nach
etwa einem Kilometer in Höhe des
Strandlokals De Vries (s. S. 85).
Ein kurzes Stückchen geht es noch
auf dem befestigten Weg weiter,
aber auch der endet schließlich und
nun wandert man am hier sehr breiten Strand entlang. So langsam werden die Häuser Norderneys kleiner,
rechts begleitet eine **Dünenkette** die
Wanderer, alle 300 bis 400 m ragt
eine Buhne ins Meer. Nach einem Kilometer wird die auffällige **Thalasso-
plattform** passiert. Sie steht am Ran-
de vom Strand zwischen den Dünen.
Es ist eine Holzkonstruktion im Win-
kelformat, an der anderen Seite führt
eine Wendeltreppe hoch. Von oben
genießt man einen prima Ausblick
über die Dünen, den Strand und natürlich aufs Meer. Und genau darum
geht es auch, der „Torbogen" soll für

> **Charakter:** Insgesamt eine leichte Wan-
> derung, die zunächst über losen Sand
> führt, auf dem Rückweg aber auch über
> einen befestigten Weg, den sich Wande-
> rer und Radler teilen.
> **Ausgangs-/Endpunkt:**
> Georgshöhe **10** an der Promenade
> **Länge:** 9 km
> **Dauer:** ohne Pause etwa 2,5 Stunden
> **Anfahrt:** zu Fuß oder auch per Rad
> **Einkehr:** Unterwegs befindet sich auf
> halbem Wege das Lokal Weiße Düne
> (s. S. 87), Öffnungszeiten: 11–21 Uhr.
> **Variante:** Von der Weißen Düne fährt
> einmal pro Stunde der Bus Nr. 5 zurück
> nach Norderney.

die Gäste, die durch die Dünen zum Strand gehen, eine Art Tor zum Meer sein – auch im übertragenen Sinne, denn auf Tafeln werden Besucher über die Wirkung von Meeresluft, Sonne und Meerwasser als Bestandteile der Thalassotherapie informiert.

So langsam sieht man nun auch in der Ferne Aufbauten am Strand stehen, die nach 4,5 km erreicht werden. Hier befinden sich ein Kinderspielplatz, Strandkörbe und ein Pfahlbau mit einem Kiosk und einem WC. Durch die Düne führt ein Weg zum Lokal **Weiße Düne** (s. S. 87), wo sich eine Rast förmlich anbietet. Einige Bänke stehen draußen, auch Strandkörbe, ansonsten gibt es sehr viel Platz im Inneren des Lokals.

Der Weg zurück nach Norderney führt durch die Dünen, wer lieber mit dem Bus fahren will, kann von hier die Linie 5 nehmen, die im Sommer (Ende Juni bis Anfang September) immer „um halb" ab Weiße Düne fährt, ansonsten immer „12 Minuten nach der vollen Stunde". Der Weg zurück ist anfänglich noch gepflastert. Ausgehend vom Lokal geht es nach links zur Bushaltestelle und nach rechts durch die Dünen nach Norderney. Auf dem Weg durch die Dünen wird nach 300 m ein weiterer Weg erreicht, hier muss man nach rechts gehen.

Nach jetzt insgesamt sechs gelaufenen Kilometern wird die **Walter-Großmann-Aussichtsdüne** erreicht, zu der eine steile Treppe hinaufführt. Sie ist mit 24,4 Metern der höchste natürliche Punkt der Insel. Von oben hat man einen tollen Rundblick. Über die andere Treppe geht es wieder hinunter, an den Fahrradständern vorbei und weiter durch die Dünen. Am Jugend- und Gästehaus Detmold bei Km 7,5 wird die Stadtgrenze erreicht. Hier könnte man schon zum Strand abbiegen, aber wir folgen noch weiter dem Weg geradeaus. Kurz bevor der Weg in eine Straße namens Emsweg mündet, folgen wir ihm nach rechts durch die Dünen zurück zum Strand. Am Strand angekommen geht es nach links zurück Richtung Norderney. Nach insgesamt 9 Kilometern wird erneut das Lokal De Vries erreicht und kurze Zeit später der Ausgangspunkt auf der Georgshöhe.

Wanderung 3: Rund um den Südstrandpolder

Diese Wanderung führt durch zwei unterschiedliche Naturzonen. Zuerst geht es durch die wunderbare **Dünenlandschaft**, danach wird das **Feucht- und Naturschutzgebiet Südstrandpolder** auf einem Deich umrundet, wobei man auch sehr nah am Wattenmeer entlanggeht. Der Südstrandpolder ist ein 140 ha großes, künstlich angelegtes Feuchtgebiet, das unter Naturschutz steht und eingedeicht wurde. Hier brüten und rasten zahlreiche Vögel im Schilf und im Gebüsch, denn 1988 legte man hier Teiche und größere Flachwassergebiete an. Diese dürfen natürlich nicht betreten werden, man kann aber unterwegs von einer Beobachtungshütte die Vögel betrachten.

Da dieses Feuchtgebiet am Stadtrand von Norderney liegt, kann die Anreise bequem per Rad oder sogar zu Fuß erfolgen. Gestartet wird am Endpunkt der Straße **Am Fischerhafen**, die von der vielbefahrenen Umgehungsstraße Deichstraße abzweigt. Die Straße Am Fischerhafen endet selbst direkt am Deich und dort beginnt die Wanderung. Es geht nach links auf den gepflasterten Weg. Hier ist bereits der **Planetenweg ㉒** ausgeschildert. Dieser be-

> **Charakter:** Insgesamt eine leichte Wanderung, die vollständig über einen gepflasterten Weg führt, auch auf dem Deich. Der Weg verläuft im zweiten Abschnitt auf einem Deich vor dem Wattenmeer entlang, wo man mit starkem Wind rechnen muss, weshalb man eine Windjacke und eine Kopfbedeckung mitnehmen sollte.

> **Ausgangspunkt:** Straße Am Fischerhafen [C2]

> **Endpunkt:** Am Ausgangspunkt, auf dem Deich vor dem Surfrevier [C2]

> **Länge:** 5,5 km

> **Dauer:** etwa 2 Stunden mit Besuch der Aussichtsdüne und „Sehpause" im Vogel-Beobachtungshäuschen

> **Anfahrt:** zu Fuß oder auch per Rad

> **Einkehr/Variante:** Unterwegs ist keine Möglichkeit. Wer bereit ist, noch 500 m weiterzugehen, gelangt zu zwei Lokalen am Hafen. Dazu muss man vom Endpunkt der Wanderung noch ein Stückchen um den Surfstrand herum- und an den Salzwiesen vorbeigehen. Nach ca. 500 m zweigt nach links ein unbefestigter Weg ab, der zum Hafen führt. Dort steht geradeaus direkt am Hafenbecken das Lokal Neys Place (s. S. 87).

ginnt nach wenigen Metern und verläuft entlang dem Südlandpolder. Dieser ist ein relativ schmaler Weg für Radler und Fußgänger, anfänglich zeigt er sich nicht sehr idyllisch, da er an einem Recyclinghof vorbeiführt. Ist der passiert, wird es aber schnell netter. Links zeigen sich zwar anfänglich noch ein paar Industriebetriebe, rechts öffnet sich aber schon die Natur. Der Planetenweg wurde von engagierten Hobby-Astronomen angelegt und zeigt in maßstabsgetreuen Abständen die Entfernungen verschiedener Planeten zur Sonne.

Zwischenzeitlich hat sich das Landschaftsbild verändert, links erheben sich nun die **Dünen** und rechts überblickt man bereits das **Feuchtgebiet.** Nach etwa 500 m sieht man links eine kleine **Aussichtsdüne.** Der kurze Aufstieg über Treppen lohnt, denn von oben genießt man einen schönen Rundblick bis zur Stadt mit dem Hafen und dem Wasserturm als markantem Blickfang. Zur anderen Seite ragt der Leuchtturm hervor und über Wattenmeer sieht man die Windräder auf dem Festland. Es geht zurück zum Planetenweg, der sich jetzt sehr idyllisch durch die Dünenlandschaft schlängelt. Er ist weiterhin gepflastert, weswegen es sich hier auch gut radeln lässt. Hin und wieder passiert man Ruhebänke, es ist insgesamt ziemlich still. Auf dem Planetenweg werden die Abstände zwischen den „Planeten" größer, was eben auch die tatsächliche Entfernung versinnbildlicht. So passiert man nach einem guten Kilometer das Schild für den Saturn und erfährt, dass dieser bereits 1,426 Milliarden Kilometer von der Sonne entfernt liegt.

Nach 1,9 km endet der Weg an einer Wegkreuzung. Hier geht es nun nach rechts auf dem Deich weiter, der in einem weitläufigen Bogen um das Feuchtgebiet herumführt. Vor einem liegt der Campingplatz Um Ost (s. S. 129), nach links ginge es zur Straße, die von Norderney zum Ostheller in den Inselosten führt. Die Wanderung geht aber nach rechts auf dem Deich weiter in Richtung Wattenmeer. Der Weg bleibt gepflastert, aber man nähert sich nun doch dem offenen Meer, weswegen hier auch mit **Wind** gerechnet werden muss. Nach etwa 2,4 km verläuft der Deich und damit auch unser Weg nach rechts, da die Wasserkante er-

043no Abb.: mux

reicht ist. Nun läuft man zwischen dem Feuchtgebiet vom Südstrandpolder und dem offenen Wattenmeer. Auch hier lassen sich zwei verschiedene Ökosysteme betrachten. Es eröffnet sich nicht nur ein sehr weiter Blick übers Meer, sondern auch ein weiter Blick über den Polder. Möwen fliegen kreischend vorbei, Kaninchen flitzen hakenschlagend durch die Gegend, Austernfischer begleiten lauthals fiepend die Wanderer.

Nach 3 Kilometern wird ein **Siel** erreicht, eine Wasserverbindung zum offenen Meer. So langsam nähert man sich wieder der Stadt an, der Hafen auf der linken Seite schiebt sich im Hintergrund immer deutlicher ins Bild. Nach 4 km wird eine kleine **Beobachtungshütte** erreicht. Durch Sehschlitze lassen sich hier Wasservögel auf dem Polder betrach-

ten, beispielsweise Austernfischer, Brandenten, Säbelschnäbler oder Kornweihen.

Nach etwa 4,5 km verläuft der Deich erneut nach rechts, auf der linken Seite öffnet sich nun ein natürliches **Flachwassergebiet**, in dem Surfeinsteiger üben. Der Deich führt um das Feuchtgebiet herum und nähert sich dem Ausgangspunkt der Wanderung, der nach genau 5,3 km erreicht wird.

Die Tour könnte jetzt hier enden, aber wer bereit ist, noch etwas weiter zu gehen, findet beim Hafen das Lokal **Neys Place** (s. S. 87) für eine wohlverdiente Stärkung. Dabei wird eine kleine Salzwiesenzone passiert, in der in regelmäßigen Abständen Infotafeln zu finden sind, die einen **Salzwiesen-Lehrpfad** (s. S. 101) bilden.

△ *Von diesen Hütten aus kann man am Südstrandpolder Vögel beobachten*

▷ *Von Nordic Walking bis Segeln: Viele Aktivitäten sind auf Norderney möglich*

Weitere Aktivitäten

Boule

Boulefelder befinden sich hinter dem Conversationshaus in dem dortigen kleinen Garten, Kugeln können im Lokal kurpalais (s. S. 85) ausgeliehen werden.

Fitness am Strand

In der Sommersaison Mitte Mai bis Mitte September findet Do. –Di. sowohl am Nord- als auch am Weststrand ein moderates, 45-minütiges Fitnessprogramm für jedermann statt. Genaue Termine kann man im Conversationshaus ❶ erfahren.

Golf

■ **Golf-Club** [s. Faltplan] <025> Am Golfplatz 2, Tel. 927156, www.gc-norderney.de. Schön in den Dünen gelegener 9-Loch-Platz, der bereits 1927 gegründet wurde. Es ist ein Links-Course, also ein Kurs, der an einer Küste zwischen Stränden und Agrarflächen liegt. Er muss nicht zwingend links herum gespielt werden. Mitglieder anerkannter Golfklubs sind willkommen. Der Platz ist von 8 Uhr bis Sonnenuntergang geöffnet. Es gibt einen Pro-Shop und sowohl Mitglieder als auch Gäste können Carts mieten.

Joggen

Viele Jogger sieht man auf Norderney am Strand entlanglaufen bzw. die Ambitionierteren weiter draußen durch die Dünen. Vor allem frühmorgens, wenn auf den Wegen durch die Dünen noch nicht so viel los ist, kann dies ein wunderbares Vergnügen sein und am Strand entlangzulaufen ist es sowieso. Hinterher den Lauf mit einem Sprung in die Nordseewellen zu beenden, kann einfach himmlisch sein. Auf Norderney finden auch mehrere Laufveranstaltungen statt. So macht der **Nordseelauf** (www.nordseelauf.de) hier regelmäßig Station, das ist ein Lauf in sieben Etappen über mehrere Ostfriesische Inseln, und im Sommer findet der **Norderney Lauf** (www.norderney-lauf.de) statt, an dem dann auch immer viele Gäste teilnehmen. Die Laufsportgruppe vom TuS Norderney hat **sieben Strecken** zusammengestellt, die in unterschiedlichen Längen jeweils einen Rundkurs beschreiben. Dazu gibt es einen Flyer. Man kann

084no Abb.: hj

Boßeln

Ist ein sehr typisches Mannschaftsspiel im hohen Norden. Es wird sowohl in Ostfriesland als auch in Schleswig-Holstein gespielt, und zwar draußen und im Winter, obwohl es mittlerweile auch Hallenboßeln gibt, aber das zählt für die meisten nicht. Überwiegend sind es Hobbysportler, die sich zum Boßeln treffen, aber es gibt auch seriös betriebenen Boßelsport mit Wettkämpfen nach festen Regeln.

Beim Boßeln ziehen zwei Mannschaften über eine vorher vereinbarte Strecke von etwa fünf bis sieben Kilometer. Das kann auf der Straße erfolgen oder noch besser über die abgeernteten Felder und möglichst, wenn es gefroren hat und die Ackerkrummen so richtig schön fest sind. Dann wird eine Kugel gerne mal abgelenkt und fliegt unter großem Gejohle aus der Bahn. Ziel des Spieles ist nämlich, die Strecke mit weniger Würfen zu bewältigen als die gegnerische Mannschaft. Geworfen wird die Kugel beim Boßeln in einer Technik wie beim Kegeln. Es wird also unterhalb der Schulter Schwung geholt und die Kugel nicht wie beim Handball geworfen. Jeder gelungene Wurf wird mit einem anständigen Schluck aus der Buddel gewürdigt.

Das ist zwar keinesfalls das Wichtigste, gehört aber doch dazu.

Es gibt auch die Variante des „Kloatscheetens". Die wird so ähnlich gespielt, nur dass man als Spielgerät keine Kugel nutzt, sondern eine kleine Scheibe. Auch die wird grundsätzlich mit einem Unterarmschwung geworfen. Und dann gibt es aber auch noch die Profivariante, bei der nicht geworfen, sondern geschleudert wird. In etwa so, als ob man einen Anlauf wie beim Speerwerfen nimmt und dann von einer kleinen Rampe wie ein Diskuswerfer eine (hoffentlich) halbwegs elegante Drehung um die eigene Achse hinlegt, gleichzeitig in einer Grätschstellung in die Luft springt und schließlich die Kugel aus der Hand fortschleudert. Das ist eine ziemlich schwierige Technik und so machen es die wenigsten Hobby-Gruppen. Ihnen geht es mehr um die Geselligkeit, wobei durchaus auch Werfer-Ehrgeiz entwickelt wird.

Am Ende jedenfalls wartet immer eine gemütliche Kneipe auf alle Boßler, wo man sich bei vorbestelltem Grünkohl und Schnaps wieder aufwärmt und die Würfe im Nachhinein immer länger werden.

045no Abb.: mux

sich die Strecken auch auf einer Karte im Internet anzeigen lassen (www. norderney.de, Menü: Enjoy/Aktiv, Laufen & Radfahren).

Die Strecken im Einzelnen:

> **S1 Promenadenrundweg** (7,7 km lang): führt einmal um die Stadt und überwiegend über die Promenade

> **S2 Naturparklauf** (16,1 km): führt durch die Natur, zunächst durch die Dünen zum Leuchtturm und zurück über den Südstrandpolder

> **S3 Weltnaturerbelauf** (22 km): ist die längste Strecke und verbindet die Strecken S1 und S2

> **S4 Südstrandpolderrunde** (5,5 km): umrundet den Südstrandpolder und ist zum Teil ziemlich windanfällig

> **S5 Thallasso-Plattform-Dünenweg** (6,6 km): schöner Weg durch die Dünen an zwei Thallasso-Plattformen vorbei

> **S6 Leuchtturmrundweg** (9,6 km): raus aus der Stadt über den Zuckerpad zur Weißen Düne, runter Richtung Leuchtturm durch die Dünen und zurück über den Planetenweg

> **S7 Kurparkrundweg** (3 km): einmal rund ums Inselzentrum durch die Kuranlagen

Minigolf

Es gibt zwei Minigolfplätze auf Norderney. Der eine liegt sehr schön in den Dünen vor der Georgshöhe, der andere am Stadtrand im Gewerbegebiet. Beide haben den gleichen Betreiber.

■ **Charly's Freizeitcenter** <026> Im Gewerbegelände 1, Tel. 2858, www. norderneyfahrradverleih.de. 18-Bahn-Platz im Gewerbegebiet im Freizeitcenter.

■ **Minigolf am Strand** <027> Am Januskopf, Tel. 2858, geöffnet: von Ostern bis Herbst. Wunderbar in den Dünen gelegener 18-Bahn-Platz, auf dem man mit einem Blick aufs Meer spielen kann.

Radfahren

Norderney ist die Insel der Radfahrer, insgesamt etwa **80 km Radwanderwege** führen über die Insel. Nicht nur, dass die Einheimischen in ihrem Alltag ganz selbstverständlich mit dem Rad zur Arbeit und zum Einkaufen fahren, auch die Touristen tun es ihnen nach. Aus gutem Grund, denn die Wege in der Stadt können schon etwas lang sein und die Innenstadt ist zumindest in der Saison für den Autoverkehr gesperrt. Was liegt da also näher, als aufs Fahrrad umzu-

⌂ *Minigolf mit Meerblick*

steigen? Radler genießen fast schon ein Vorrecht, zumindest scheint es manchmal so, aber natürlich müssen auch sie sich an die Straßenverkehrsordnung halten. Unverkennbar nehmen die Autofahrer aber besonders Rücksicht. Gerade das ist schon eine neue Erkenntnis für viele Gäste, die vielleicht in Großstädten ganz gegenteilige Erfahrungen gesammelt haben. Auf Norderney sind Radler absolut **ebenbürtige Verkehrsteilnehmer.** Es gibt viele Fahrradständer, sowohl in der Stadt, beispielsweise am Beginn der Jann-Berghaus-Straße, als auch an den Strandzugängen.

Auch außerhalb der Stadt sind die Radwege **in sehr gutem Zustand.** Egal, ob es durch die Dünen zur Weißen Düne oder zur Oase geht, die Wege sind gepflegt und zumindest teilweise gepflastert, aber man muss sich die Wege auch mit Fußgängern teilen und die haben sogar „Vorfahrt". Auch entlang der Autostraße zum Leuchtturm und weiter zum Ostheller oder zur Oase beim FKK-Strand sind die Radwege gut in Schuss. Selbst auf dem Deich, der um den Südstrandpolder führt, kann geradelt werden, wobei man sich dort aber ganz besonders mit vielen Wanderern arrangieren muss. Der Bereich **östlich des Parkplatzes Ostheller** darf nicht mit dem Rad befahren werden, also konkret der Weg zur Postbake und zum Wrack. Das Radfahren entlang der **Kurpromenade** ist ebenfalls verboten. Schilder weisen deutlich auf das Verbot hin, aber dennoch wird es immer wieder ignoriert.

Immer stärker verbreiten sich **Elektroräder** und so ist es nicht überraschend, wenn man selbst gerade mächtig schnaufend gegen den Wind anradelnd mal eben ganz locker von einem Senior überholt wird. Das kommt ziemlich häufig vor, wie der Autor selbst erlebt hat.

❯ Zwischen März und Oktober startet jeden Dienstag um 14 Uhr (im Juli und August zusätzlich am Donnerstag um 16 Uhr) eine kleine Gruppe zu einer geführten Fahrradtour über die Insel (s. S. 125).

Fahrradverleih

Bereits am Hafen warten die ersten Verleiher auf Tagesgäste, die einen netten Tag am Strand verbringen und den recht weiten Weg per Rad zurücklegen wollen. Auch in der Stadt ist das Angebot sehr groß und viele Besucher leihen sich gleich für die Dauer ihres Urlaubs ein Fahrrad aus. Die Schwierigkeit liegt manchmal darin, bei der schieren Masse an Rädern sein eigenes Rad wiederzuerkennen. Zwar haben alle Vermieter ein individuelles Merkmal, aber wenn sich dieses nur auf eine auch noch klein geschriebene Nummer beschränkt, muss man manchmal doch schon etwas suchen. Andere Vermieter lackieren ihre Räder in knalligen Farben, da ist die Suche dann leichter. Immer mehr in Mode kommen auch **E-Bikes,** die von praktisch allen Verleihern angeboten werden.

Die **Preise** für das Ausleihen von Fahrrädern liegen bei 25 bis 40 Euro die Woche (E-Bikes um 90 €), je kürzer die Mietdauer, desto teurer.

- Bike and fun <028> Herrenpfad 16, Tel. 0160 91731700, www.bike-und-fun-norderney.de
- E-Bike Verleih Norderney <029> Lange Straße 5, Tel. 8689969, https://ebike-verleih-norderney.de. E-Bikes der Marke „Gazelle" werden im Laden und online vermietet.

▷ *Guck mal, ein Pferd!*
Ausritte am Strand machen Spaß.

■ **Fahrradverleih Kranich** <030> Karlstraße 4, Tel. 9338290. Vermietet u. a. auch Hundeanhänger.

■ **Insel-Bike** <031> Hafenstraße 1, Tel. 1326. Liegt direkt vor dem Fähranleger.

■ **Kurt's Fahrradshop** <032> Nordhelmstraße 73, Tel. 935530. Verleiht auch Bollerwagen.

■ **Norderney Bike** <033> Herrenpfad 9, Tel. 990563. Großes Angebot, u. a. auch an E-Bikes und Leichtlaufräder.

■ **Rad Toni** <034> Jann-Berghaus-Straße 62, Tel. 3378. Große Auswahl, auch Fahrradanhänger.

Reiten

■ **Reithof Harms** [s. Faltplan] <035> Am Leuchtturm 11, Tel. 2108, www.reiter hof-harms.de. Der Hof befindet sich ganz im östlichen Inselteil und bietet schon deshalb gute Voraussetzungen für einen Strandausritt oder Ritt über die umliegenden Weiden. Der Reiterhof hat eine lange Tradition und damit auch viel Erfahrung. Angeschlossen ist ein kleiner Campingplatz.

■ **Reitschule Junkmann** <036> Lippestraße 23, Tel. 924150, http://reitschule-junk mann.de. Reitausbildung und organisierte Ausritte, auf Wunsch am Strand und sogar mit Verpflegung.

Sauna, Freizeitbad

Ein Meerwasserwellenbad hatte Norderney schon lange. Mitte der 2000er-Jahre wurde das Gebäude zu einem großen **Thalassohaus** umgebaut. Nach eigenen Angaben ist es sogar das größte Thalassohaus Deutschlands. Norderney verfolgt hier unter Zuhilfenahme der Heilkraft des Meeres einen **ganzheitlichen Gesundheitsansatz**. Man ist auf einem guten Weg, denn nach dem Deutschen Tourismuspreis in der Kategorie „Sonderpreis Gesundheitstourismus" wurde das Familienbad 2016 vom Europäischen Prüfinstitut Wellness & SPA e.V. ausgezeichnet.

In der **Wasserebene** gibt es eine Reihe von unterschiedlichen Becken und Massageräume. Hier finden sich ein Meerwasser-Bewegungsbecken (32 °C), ein Heißbad (42 °C), ein Kaltbad (14 °C) und auch ein Bereich mit Wasserfallduschen, wobei das Wasser aus immerhin sechs Metern herunterschießt. Es gibt auch ein Außenbecken und Ruhebereiche mit heißen Steinen.

Auf der **Feuerebene** befinden sich verschiedene Saunen, darunter eine finnische Sauna, eine Bio-Sauna (hat

046no Abb.: mux

nur 55 °C), ein Dampfbad, aber auch eine klassische Sauna und eine Außensauna auf der Dachterrasse. Weiterhin finden sich auch hier Massageräume, es werden Schlick-Anwendungen angeboten und es gibt einen netten Ruhebereich mit Kamin.

Das **Familien-Thalassobad**, das sich thematisch dem Wattenmeer widmet und für das Naturmaterialien verwendet wurden, ist auf die Bedürfnisse von Kindern zugeschnitten. Neben einem großen Spaßbad gibt es eine 57 m lange Röhrenrutsche, die sogenannte Wattwurm-Rutsche, und Zonen zum Spielen wie ein Piratenschiff und Strandhäuser. Zudem gibt es eine Erdsauna, einen Whirlpool und eine „Waschstraße", die unterschiedliche Duschen, beispielsweise Duschen aus Holzeimern oder Schwallduschen, beinhaltet.

■ **bade:haus norderney** <037> Am Kurplatz 3, Tel. 891400, www.badehaus-norderney.de, geöffnet: tägl. 9.30–21.30,

Familien-Thalassobad: 9.30–18 Uhr, Eintritt: Preise (4 Stunden): für die Wasserebene 20 €, als Abendkarte (19–21.30 Uhr) 15 €, für die Feuerebene 28 €, als Abendkarte 20 €, 4 Stunden im Familien-Thalassobad: Erwachsene 13 €, Kinder (4–17 Jahre) 8,50 €, Familienkarte (1 Erw. und 1 Kind) 18 € oder (2 Erw und 1 Kind) 26,50 €, für 2 Stunden: Erw. 9,50 €, Kinder 6,50 €, Familien: 14/21 €

Direkt am Strand vor dem Lokal **Strandpieper** (s. S. 87) befindet sich die **Strandsauna**. Hier kann man mit Meerblick schwitzen und sich vor allem hinterher in die kalten Fluten stürzen. Die Sauna befindet sich

⌂ *Das bade:haus ist nicht nur an Regentagen einen Besuch wert*

▷ *Wie ein Kunstwerk: der Wattboden bei Ebbe*

oben auf dem Gebäude mit den Serviceeinrichtungen, wozu auch ein Kiosk zählt. Zum Entspannen sind einige Liegen vorhanden, in der Saison sollte man vielleicht vorher anrufen, denn der Platz ist doch etwas begrenzt. Saunatücher können geliehen werden.

■ **Strandsauna am FKK-Strand** [s. Faltplan] <038> direkt am Strand vor dem Lokal Strandpieper, Tel. 474, geöffnet: Mitte April – Anfang Oktober 11 – 16 Uhr, Juli/August auch bis 17 Uhr, Tageskarte: 20 €, Zehnerkarte 180 €

Tennis

■ **Tennisplätze TuS Norderney** <039> An der Mühle, www.tus-norderney.de. Die Plätze liegen etwas versteckt, aber auch windgeschützt. Plätze für Gäste werden von Mai bis Oktober vermietet, entweder vor Ort von 9 bis 12 Uhr oder online über die Website.

Thalasso-Kurwege

Um den Gedanken vom ganzheitlichen **Gesundheitsaspekt** im Meerklima noch zu verstärken, wurden insgesamt 10 Wege angelegt (N1 bis N10). Es sind fünf Rundwege und fünf Streckentouren mit einer Länge von 1,8 km bis zu stolzen 13,4 km hinaus zum Wrack. Auf **Hinweistafeln** beim bade:haus (s. S. 72) am Kurplatz werden die Wege detailliert beschrieben. Ziel ist hier nicht, sportliche Höchstleistung zu erbringen, sondern sich ruhig gehend an das Nordseeklima zu gewöhnen und dabei die belebende Wirkung optimal aufzunehmen. Auf den Infotafeln wird alles genau erklärt, sogar der wahrscheinliche Kalorienverbrauch. Es gibt auch einen Flyer bei der Touristeninformation (s. S. 120).

Wattwandern

Zweimal am Tag zieht sich das Meer zurück und man kann dann über den Meeresboden laufen. Wer möchte, sogar bis hinüber zum Festland, aber das bitte **niemals ohne Wattführer!** Eine Wanderung im Wattenmeer macht ohne Zweifel Spaß, ist aber auch nicht ganz ungefährlich. Deshalb wirklich niemals (!) einfach allein ins Watt gehen und bestenfalls am Ufersaum bleiben. Denn jederzeit kann plötzlicher Seenebel aufziehen und wenn man den Tidenkalender nicht berücksichtigt, kann ein Priel vollaufen, den man auf dem Hinweg noch durchwatet hat und sich nun aber als reißender Strom zeigt.

Wer ins Watt geht, sollte **barfuß** gehen, aber im Rucksack trotzdem ein paar Schuhe mitnehmen, die auch schmutzig werden können. Grund: Im Watt liegen zumindest an bestimmten Stellen **scharfkantige Muscheln**, in die man hineintreten und sich Schnittwunden zuziehen könnte. Erfahrene Wattführer kennen solche Stellen und warnen rechtzeitig. Auch

048no Abb.: mux

wenn es ein wenig kühler sein sollte, empfiehlt sich eine **kurze Hose,** denn Spritzer vom Schlick auf den Beinen sind fast unvermeidlich.

❭ Wattführungen bietet das **Nationalparkhaus Norderney** [20] an, darunter auch spezielle Führungen für kleine Kinder. Infos und Terminabsprachen: Tel. 2001 oder direkt im Nationalparkhaus.

❭ **Wattwandern mit Wattführer Eduard Fokken.** Eine spannende, aber auch lange Tour. Sie führt vom Festland zur Insel und kann natürlich nur bei Ebbe durchgeführt werden, also zu wechselnden Terminen. Es geht zunächst per Schiff nach Norddeich und dann nach Neßmersiel, wo gestartet wird. Man läuft etwa 2 ½ Stunden durchs Watt, bis man wieder die Insel erreicht. Beendet wird die Tour am Grohedeich, von wo man mit dem Bus in die Stadt zurückfährt. Gesamtlänge etwa 6 km. Infos: Tel. 5219878 (beste Zeit: zwischen 18 und 20 Uhr), www.wattwanderung-ney.de.

Wattwandern

Eine Wattwanderung gehört einfach dazu, hier einige **Regeln:**

❭ Niemals allein gehen, jedenfalls nicht ins offene Watt, niemals ohne Uhr und Kenntnis der Tide.

❭ Niemals bei auflaufendem Wasser starten.

❭ Keinen Priel zwischen sich und dem Land lassen, Priele laufen bei Flut zuerst voll und schneiden dann den Rückweg ab.

❭ Im Watt fängt man sich schnell einen Sonnenbrand ein, an Sonnenschutz denken.

❭ Im Priel baden kann aufgrund der Strömungen gefährlich sein.

❭ Vor der Wanderung beim Vermieter abmelden.

❭ Keine Wattwanderung bei Nebel und Gewitter!

❭ Barfuß im Watt laufen macht den größten Spaß, Gummistiefel sind nicht so gut geeignet, die bleiben nämlich gern mal im Schlick stecken.

❭ Kameras und Camcorder mitzunehmen, lohnt sich bestimmt, ein Kompass kann bei plötzlich aufziehendem Nebel womöglich ein Lebensretter sein.

❭ Am meisten bringt eine geführte Tour, denn der Wattführer erklärt so manches Geheimnis, das einem ansonsten entgeht.

☑ *Auf geht's ins Watt!*

089no Abb.: mux

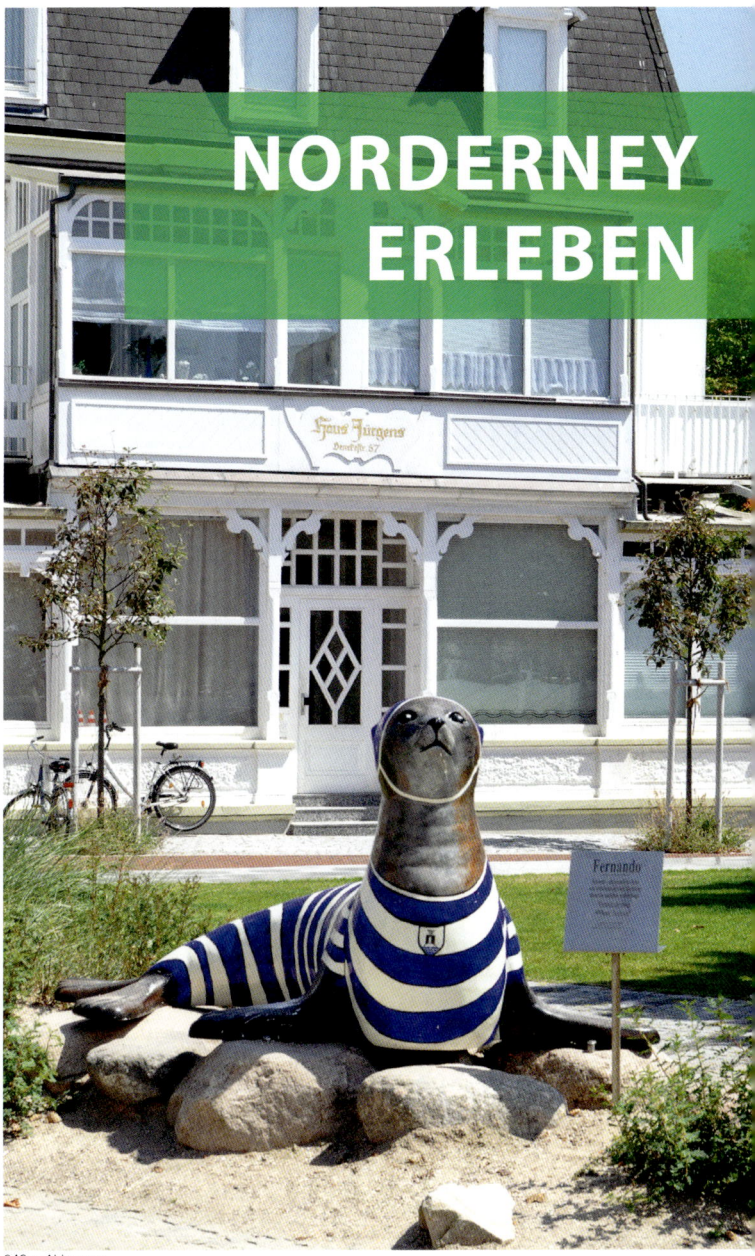

NORDERNEY ERLEBEN

Feste und Folklore

Auf Norderney gibt es eine **große Bandbreite an Veranstaltungen** sowohl kultureller als auch sportiver Art. Im Sommer finden regelmäßig Kurkonzerte am Kurplatz statt und Theateraufführungen sowie Konzerte im Kurtheater. Etliche Open-Air-Veranstaltungen runden das kompakte Angebot ab. So mancher überregional bekannte Musiker gibt hier ein Gastspiel, was dann auch regelmäßig viele Fans vom Festland anzieht. Eine komplette Übersicht mit allen Veranstaltungen, auch den kleineren, die sich gezielt an Kinder richten, findet man im Internet unter **www.norderney.de** unter dem Menüpunkt „Veranstaltungen".

Eine weitere gute Informationsquelle ist der kostenlos morgens in vielen Geschäften (Bäcker!) ausliegende „Norderneyer Morgen", der unter der Rubrik „Was liegt an?" die tagesaktuellen Veranstaltungen listet. Das ebenfalls kostenlos erhältliche Magazin „**Käpt'n Nomo**" ist ein umfangreiches Veranstaltungsmagazin für einen ganzen Monat.

Januar–März

› Neujahr: **Anbaden.** Das alte Jahr ist verabschiedet, das neue zwar begrüßt, aber noch gar nicht so richtig angenommen, da gibt es schon eine erste Veranstaltung. Pünktlich um 12 Uhr stürzen sich am Weststrand hunderte Mutige in die wenige Grad kalte Nordsee. Tausende stehen am Strand, sind dick eingepackt und frösteln trotzdem allein beim

◁ *Vorseite: Fernando ist strandfertig*

Zuschauen. Das Inselradio überträgt live und ein Moderator heizt die Stimmung an. Ganz Mutige drehen sogar noch mal um und rennen ein zweites Mal hinein, angefeuert von der guten Stimmung.

› Ende März: **Start der Kurkonzerte.** Gespielt wird in der Konzertmuschel am Kurplatz, in der Regel um 10.30 (sonntags um 11.15) und 20 Uhr, am Montag keine Konzerte. Die Konzerte sind kostenlos.

Mai/Juni

› 1. Mai: **Aufstellen eines Maibaums** am Kaiser-Wilhelm-Denkmal, am Kurplatz und auch in der Nordhelmsiedlung, unter dem es dann Tanz und Getränke gibt.

› **Junior Beach Soccer Fun Cup** (www.juniorbeachsoccer.de). Großes Fußballturnier für Kinder direkt am Strand vor der Weißen Düne.

› **Internationales Filmfest Emden–Norderney** (www.filmfest-emden.de). Feierte 2019 sein 30-jähriges Jubiläum. Das Filmfest ist aus einem relativ kleinen Festival entstanden und hat sich zu einem kulturellen Highlight gemausert, das an acht Tagen im Mai und Juni über 100 Filme auf sieben Leinwänden präsentiert. Programmschwerpunkt sind Filme aus Nordwesteuropa. Es gibt insgesamt sieben Preise und der Zuschauerzuspruch ist immer sehr hoch. Auf Norderney werden die Filme im Kurtheater und auch im Conversationshaus gezeigt.

› **Pfingstbaumaufstellen** (Mai oder Juni). Auf Norderney wird noch die gute alte Sitte des Pfingstbaumes gepflegt, der am Samstag vor Pfingsten mit vereinten Kräften aufgestellt wird. Auf dem Kurplatz errichtet der Heimatverein einen Pfingstbaum. Dies hat eine lange Tradition, denn bereits im 12. Jh. trafen sich die friesischen Häuptlinge am „Upstalsboom", um über den Landfrieden zu beraten.

> **White Sands Festival** (Mai oder Juni, www.whitesandsfestival.de). Mega-Veranstaltung am Pfingstwochenende und eine gelungene Mischung aus Spitzensport und Party. Am Strand spielen Beachvolleyballer um Preisgelder und Quali-Punkte für die deutsche Meisterschaft, auf dem Wasser fahren Windsurfer Regatten im Racing, Wave-Freestyle und Slalom. An allen drei Abenden ist dann Party Time im Zelt am Nordstrand und im Haus der Insel.

Juli

> **Lions Rock Nacht.** Der Lions Club Norderney veranstaltet auf dem Kurplatz ein Rockkonzert mit Norderneyer Bands. Der Erlös wird für einen guten Zweck gespendet.
> **Norderneyer Klassiksommer.** Von Juli bis in den August hinein gibt es eine Vielzahl an klassischen Konzerten. So gastiert bereits seit 1979 jedes Jahr das Warschauer Symphonie-Orchester auf der Insel und gibt eine Reihe von Konzerten. Es gibt aber auch spezielle Veranstaltungen, darunter Konzerte für Kinder, Konzerte am Meer und spezielle Themenabende.

> **Norderney-Lauf** (www.norderney-lauf. de). Strecken von 500 m (Bambini-Lauf) bis 10 km für ambitionierte Läufer sind im Angebot.
> **summertime@Norderney** (www.summertime-norderney.de). Eine Mischung aus Livekonzerten am Abend und Sportveranstaltungen am Tag. Dazu wird eine große Bühne am Nordstrand aufgebaut, auf der namhafte Künstler auftreten, darunter auch einige echte Stars. An sportlichen Aktivitäten wird ein Beachvolleyball-Turnier oder das Windsurfrennen rund um Norderney ausgetragen und es gibt ein Kinderfest.

August

> **Weinfest.** Auf dem Kurplatz präsentieren sich an einem langen Wochenende mehrere Anbieter von diversen Weinanbaugebieten aus Deutschland.
> **Inselspringen.** Seit 1994 findet alljährlich ein hochkarätig besetztes Stabhochspringen statt.

⌂ *Hier finden Kurkonzerte statt*

September

❯ **Norderneyer Islandman Triathlon** (September, www.islandman-norderney.de). Beliebter Triathlon in den Disziplinen Olympisch (1,5 km Schwimmen, 40 km Radfahren, 10 km Laufen) oder Sprint (500 m Schwimmen, 20 km Radfahren, 5 km Laufen) sowie mehrere Jugend- und Schnupper-Distanzen. Geschwommen wird natürlich im Meer, der Zieleinlauf ist traditionell in der Straße Am Januskopf.

❯ **Plattdeutscher Monat.** *Platt prooten,* heißt es den ganzen September über, denn da gibt es vielerlei kulturelle Veranstaltungen *op Platt* wie Konzerte, Gottesdienste, Theaterstücke, Lesungen und Inselführungen. Und in einigen Lokalen gibt es klassische ostfriesische Gerichte.

November

❯ **Fackelumzug zu Martini** (10.11.). Am Martinitag ziehen nachmittags kostümierte Kinder durch die Geschäfte, singen und erhalten dafür ein süßes Präsent. Abends zieht dann ein Laternen- und Fackelzug zum Lutherdenkmal der Evangelischen Kirche.

Dezember

❯ 27. Dezember bis 1. Januar: **Winterzauber auf dem Kurplatz.** Die Weihnachtsfeiertage sind gerade überstanden, da wird auf dem Kurplatz eine kleine kulinarische Meile aufgebaut, wo es leckere kleine Gerichte, Punsch oder Glühwein gibt.

Wie kommt das Schiff in die Buddel?

Das fragt sich so manche „Landratte", wenn sie zum ersten Mal eine dieser hellglasigen Flaschen sieht, in der ein Dreimaster gegen Wind und Wellen stampft. Ganz einfach: Um ein Schiffsmodell wird eine extra mundgeblasene Glasflasche konstruiert! So'n „Tüünkroom", erzählen die „Kapteins" jedenfalls nach dem dritten Schluck Rum „ausser Buddel".

Also, wie nun segelt ein Dreimaster durch den viel zu engen Hals in den Bauch der Buddel? Zunächst werden mit selbst gefertigtem, feinem Handwerksgerät mittels eingefärbtem Fensterkitt die Wellen geformt, und zwar durch den Flaschenhals. Also nix mit Aufsägen! Vorher muss das Segelschiff schon „an Land", also außerhalb der Buddel, fertiggebastelt sein. Nun kommt die eigentliche Kunst: Die Masten werden eingeklappt und mit feinen Fäden verknüpft. Dann *schiebt man das Schiff in die Flasche und bugsiert es in den noch weichen Wellen-Kitt. Mittels der vorher angebrachten Zugfäden werden die Masten jetzt aufgerichtet, diese sind nämlich nicht fest auf dem Schiffsrumpf gezimmert, sondern befinden sich auf winzigen Drahtbügeln. Durch geschicktes Ziehen am Faden richten sich die Masten auf, unterstützt durch einen dünnen Haken. Jetzt noch die Zugfäden abschneiden, verleimen und die Segel aus feinstem Papier mit Pinzette festkleben, fertig – beinahe jedenfalls. Die Flasche muss perfekt austrocknen, bevor ein Korken mit Siegellack sie für immer verschließt, denn „echte" Feuchtigkeit soll ja nun wirklich nicht auftreten. Und dann kann der Dreimaster endlich auf dem Wohnzimmerschrank mit stolz geblähten Segeln durch die aufgewühlte See stampfen – Schiff ahoi!*

Norderney kulinarisch

An gastronomischen Betrieben herrscht wahrlich kein Mangel auf Norderney. Vom einfachen Fischimbiss über ein lässiges Bistro in Traumlage am Strand bis hin zum Sternerestaurant (Restaurant „Seesteg") ist alles zu finden. Und ganz generell ist die Qualität gut. Die früher in touristisch geprägten Orten oft anzutreffenden Pommesbuden, wo es fast nur fette Bratwurst oder Backfischbrötchen gab, sind hier kaum zu finden. Anscheinend ist die Konkurrenz auf Norderney groß genug, sodass sich die Gastronomen sehr um Originalität, um saisonale Gerichte und um frische, möglichst lokale Produkte bemühen. Die Kundschaft genießt es und kann sich an einer **beachtlichen kulinarischen Bandbreite** erfreuen.

Norderneyer Küche

Seezunge, Scholle, Aal, Makrele, Hering usw. bekommt man wohl überall an der Küste. **Fisch** wird gebraten, gedünstet, gekocht oder auch geräuchert serviert, soweit nichts Neues. Aber was ist Grüner Aal? Es bedeu-tet nichts weiter, als dass der Fisch in Wasser und Wein gekocht wurde.

Rübenmus wird gern im Herbst gegessen, wenn die Rüben geerntet worden sind. Man zerkleinert zunächst Steckrüben, lässt sie lange garen, kocht dann Möhren (oder auch Kartoffeln) und zermust schließlich das ganze Gemüse in einem Topf. Serviert wird das Rübenmus mit klein gewürfeltem Speck und Kochwurst.

Gern gegessen wird auch **Grünkohl** mit Schweinebacke oder Kassler, Kochwurst oder Pinkel, einer Grützwurst, die u. a. mit Speck, Grütze, Zwiebeln und Schmalz gefüllt ist. Außerdem dürfen Kartoffeln nicht fehlen. Serviert wird die „Ostfriesenpalme", wie Grünkohl auch genannt wird, aber nur in der kalten Jahreszeit, vorzugsweise nach dem ersten Frost.

In der Sommerzeit wird gern **Rote Grütze** angeboten, ein leckerer Nachtisch aus eingekochten Himbeeren, Johannisbeeren oder Kirschen mit

☑ *Doch doch, Labskaus schmeckt!*

051no Abb.: mux

Milch oder Vanillesauce. Ein anderes Dessert ist **Bohntjesopp**. Dahinter verbirgt sich eine eigentlich einfache Speise, die aber einer längeren Vorbereitung bedarf. Es handelt sich um Rosinen, die in einer Lösung aus Zucker und Branntwein mehrere Tage, besser noch einige Wochen eingelegt sind und sich damit vollsaugen.

Und dann ist da noch **Labskaus**, ein eigenwilliges Essen, das nicht jeder mag. Das liegt aber mehr an seinem Äußeren, denn das Gericht leuchtet einem rot entgegen. Die Bestandteile sind: Pökelfleisch vom Rind oder Schwein, Gurken, Matjesfilets, Rote Bete (daher die Farbe) und Kartoffeln. Das alles wird gut vermischt und mit einem Spiegelei garniert. Es schmeckt viel besser, als es aussieht.

Wer im Frühsommer kommt, sollte unbedingt einmal **Spargel** mit Katenschinken probieren, dazu ein paar Salzkartoffeln, fertig! Und wer auf der Speisekarte ein **Bauernfrühstück** entdeckt, dem sei versichert, dass dieses deftige Frühstück eher ein Mittagessen ist. Es besteht nämlich aus Bratkartoffeln, Würfelschinken, Gurken und Rührei.

Birnen, Bohnen, Speck, der Name sagt schon, was an Zutaten genommen werden muss. Die süßen Birnen geben einen leckeren geschmacklichen Kontrast zum würzigen Speck. Das Gericht gibt es im Herbst nach der Birnenernte.

Getränke

Wer so deftig isst, benötigt einen Klaren zum Nachspülen, einen „Verteiler", wie es so schön an der Küste heißt, oder auch einen „Lütten". Gemeint ist **Korn** oder besser noch **Aquavit**, wobei die dänischen oder norwegischen Schnäpse von Kennern bevorzugt werden. Eiskalt serviert, das Glas muss noch eisbeschlagen sein, und dann heißt es: „Nich' lang schnacken – Kopp in 'n Nacken"!

Auf Norderney wird seit 2012 ein eigenes **Bier** mit Norderneyer Wasser gebraut. Es wird im Norderneyer Brauhaus (s. S. 90) und in deren Strandfiliale, der **Weststrandbar** (s. S. 86), ausgeschenkt. Die Nachfrage war zumindest an heißen Sommertagen schon derart groß, dass zeitweilig der Verkauf rationiert wer-

052no Abb.: mux

Richtig ostfriesisch Tee trinken

Zunächst mit sprudelndem heißem Wasser die Kanne ausspülen und das Wasser anschließend weggießen. Teeblätter lose in die Kanne legen und zu etwa einem Drittel mit heißem Wasser füllen. Alles ca. 2–6 Minuten ziehen lassen, dann kann die Kanne mit weiterem Wasser gefüllt werden. Jetzt weiße Kluntje (keine braunen) in die Tassen geben und anschließend den Tee eingießen, aber die Tasse nur zu einem Drittel mit Tee füllen, der Kluntje schaut noch ein wenig heraus. Das Knacken des Kluntjes zeigt, dass der Tee heiß genug ist. Danach Sahne mit einem Sahnelöffel in einer Kreisbewegung gegen den Uhrzeigersinn etwa mittig um den Kluntje in die Tasse gießen. Nicht(!) umrühren. Die Sahne löst sich auf und versinkt. Die Tasse ein wenig schlenkern, dann trinken. So schmeckt man zunächst die Süße der Sahne, dann das Herbe des Tees und schließlich erneut das Süße vom Kluntje. Ist die Teekanne leer, können die Teeblätter bis zu viermal genutzt und wieder aufgebrüht werden. Wer keinen Tee mehr will, legt seinen Teelöffel, der bislang nicht benutzt wurde, in die Teetasse, wobei drei Tassen als angemessen gelten („drei Tassen sind Ostfriesenrecht"), vorher abzulehnen gilt schon als unhöflich. Tassen und Kanne sind oft mit dem Motiv der ostfriesischen Rose bemalt, mal geschlossen, mal offen, mal stilisiert dargestellt.

den musste. Für eine kurze Zeit gab es kein Norderneyer Bier in der Weststrandbar. Die Knappheit war dann aber rasch behoben, die Kapazitäten wurden erhöht. Das leckere, leicht süffige Bier hat schon viele Fans gefunden.

Wer im Winter die Küste besucht, der kommt um einen heißen **Grog** nicht herum. Norddeutsch-trockene Beschreibung: „Rum mut, Water dörv, Zucker kann" (Rum muss, Wasser darf, Zucker kann) – damit sind die Bestandteile schon genannt. Diese Mischung wärmt herrlich durch, z. B. nach einem Spaziergang am winterlichen Strand. Serviert wird der Grog in dünnen, hohen Gläsern, in denen ein Stößel steckt, mit dem man den Zucker zerkleinert und umrührt. Mischt man den Rum mit Rotwein statt Wasser, entsteht ein **Eisbrecher**, da taut dann sogar der Norden auf. Und

dann gibt es noch so nette Getränke wie **Pharisäer, Tee-Punsch** oder **Tote Tante**. Allen gemein ist, dass sie vermeintlich „nur" Tee oder Kaffee beinhalten, aber in Wirklichkeit in den Gläsern immer ein Schuss Rum oder Korn versteckt ist. Eine „Tote Tante" besteht aus einer halben Tasse süße Schokolade, einem großen Schnapsglas Rum und obendrauf einem dicken Klecks Schlagsahne.

Das **Nationalgetränk** In Ostfriesland ist aber der **Tee**. Und damit sind Ostfriesen sogar rekordverdächtig, denn sie trinken pro Kopf so viel Tee, wie in Deutschland sonst niemand, nach den letzten Zahlen um die 300 Liter pro Kopf im Jahr. Das entspricht dem Zehn- bis Zwölffachen des bundesdeutschen Durchschnitts. Damit hängen sie sogar die Teetrinkernation schlechthin, Großbritannien, deutlich ab, denn die Briten kommen gerade einmal auf knapp über 200 Liter.

In Ostfriesland hat sich im Laufe der Jahrhunderte eine ganz **eige-**

◁ *Ein leckeres Bier mit Aussicht in der Weststrandbar (s. S. 86)*

Die Pharisäer von Nordstrand

Es war einmal ein rechtschaffener Pastor, der wurde zu einer neuen Gemeinde im fernen Friesenland geschickt. Nordstrand hieß der Ort und war eine Insel in Schleswig-Holstein. Wie überall an der Küste war es da im Winter gar bitterkalt, kein Wunder, dass sich die Bewohner ständig mit einem oder gar mehreren steifen Grogs schützen mussten. Um es kurz zu machen, sie soffen wie die Löcher! Der Pastor wetterte von der Kanzel herab gegen die Trinkerei, wünschte den saufenden Friesen Pest und Galle an den Hals. Vergebens. Friesen können bekanntlich verdammt stur sein.

Eines Tages wurde der gute Mann dann, wie es Brauch war, nach einer Kindstaufe noch zu einer kleinen Geselligkeit eingeladen. Natürlich gab es keine hochprozentigen Getränke, sondern nur Tee oder Kaffee. Der Tag ging, aber leider nicht der Pastor. Der blieb stur hocken und die Nordstränder auf dem Trockenen. Bis ein plietscher Bauer seiner Magd auftrug, in die Kaffeetassen einen kräftigen Schuss Rum zu gießen und obenauf einen ordentlichen Klecks Sahne zu drapieren. Gegen den Geruch. Und so geschah es, dass die Gesellschaft immer lustiger wurde, auch ohne Alkohol, wie jedenfalls der gute Pastor meinte. Er freute sich gar sehr, dass es anscheinend auch „ohne" ging, bis, tja, bis man ihm eine falsche Tasse gab. Entsetzt sprang er auf - sofort das Spiel durchschauend - und schimpfte

laut los: „Ihr scheinheiliges Volk, ihr Pharisäer!" Und so wurde es geboren und auch gleich getauft, das Getränk, das man überall an der Nordseeküste in der kalten Jahreszeit bekommen kann: der „Pharisäer".

Und wann ist nun ein „Pharisäer" ein „Pharisäer"? Ein echter Pharisäer ist erst „echt", wenn er 4 cl Flensburger Rum enthält. Das wurde vor einigen Jahren vom Flensburger Amtsgericht höchstamtlich entschieden. Ein Flensburger Bürger beschwerte sich nämlich in einer Kneipe beim Wirt, dass sein Pharisäer zu viel Kaffee und zu wenig Rum enthalte, er deshalb selbigen nicht zu bezahlen gedenke. Der Wirt, nicht faul, zeigte den störrischen Trinker wegen Zechprellerei an. So etwas landet in Deutschland vor Gericht. Was also war zu tun? Der Richter verlegte die Sitzung an den einzig richtigen Ort, nämlich in die Kneipe „Bei Tante Lene". Dort wurde dann über den Pharisäer zu Gericht gesessen. Mehrere Tassen unterschiedlicher Beimischung setzte Tante Lene dem strengen Herrn Richter vor, der genüsslich kostete. Jede einzelne Tasse, natürlich. Man müsse sich ja schließlich ein fundiertes Urteil bilden, hicks! Tschulligung! Das Urteil wurde um eine Woche vertagt und dann gefällt: Ein echter Pharisäer ist erst echt mit 4 cl Rum, alles andere wirke eher ernüchternd. Weise gesprochen! Da merkt man dann, dass der Richter ein Nordlicht war.

ne **Teekultur** gebildet. Immerhin wird noch heute bis zu sechsmal am Tag Tee getrunken und zwar jeweils drei Tassen. Da kommt schon was zusammen! Das erfordert vor allem auch eine gewisse Muße und ein Sich-Zeit-nehmen und genau dies können die Ostfriesen ganz unvergleichlich gut.

Teetrinken ist fest verwurzelt in der ostfriesischen Kultur. Deshalb wurde während des Zweiten Weltkriegs den Ostfriesen sogar eine Monatsration Tee auf Lebensmittelmarken zugestanden. Tee wird noch heute aus zarten, dünnwandigen Tassen getrunken.

Lokale

Restaurants

■ **Bambus Garten** €€ <040> Bülowallee 2, Tel. 9356889, geöffnet: Di.–So. 11.30–15, 17.30–22.30 Uhr. Sehr beliebtes asiatisches Restaurant mit Terrasse in der HS2-Passage. Es gibt gute und reichhaltige Portionen in angenehmem Ambiente.

■ **Da Sergio** €€ <041> Damenpfad 12, Tel. 700, geöffnet: Mi.–Mo. 11–23 Uhr. Liegt sehr zentral an der Ecke zur Shoppingmeile Strandstraße und zieht viele zufällig vorbeiflanierende Gäste ins recht offen gestaltete Lokal. Drinnen fühlt man sich sogleich wohl ob der angenehmen Tisch- und Wanddeko und durch den freundlichen Empfang. Geboten wird eine gute italienische Küche, auch Pizza und hausgemachte Pasta, aber ebenso eine breite Auswahl an Antipasti, Fleisch- und Fischgerichten. Es gibt auch eine spezielle Kinderkarte.

■ **De Leckerbeck** €€ <042> Schmiedestraße, Tel. 990753, geöffnet: Di.–Fr. 17.30–21.30, Sa./So. 11.30–14 und 17.30–21.30 Uhr. Das Restaurant ist im Gebäude der ehemaligen Synagoge untergebracht. Das Haus hat eine Geschichte, die bis 1878 zurückreicht. Das De Leckerbeck wird hier seit 2000 betrieben. Die Karte ist z. T. auf Plattdüütsch, so wie der Name des Restaurants auch plattdüütsch ist und etwa „Das Leckermäulchen" bedeutet. Es gibt Fisch- und Fleischgerichte, wechselnde Empfehlungen des Tages, spezielle

Angebote für Kinder und Senioren und eine glutenfreie Küche für Allergiker. Das Restaurant hat zwei Ebenen, darunter auch 40 Plätze auf der windgeschützten Dachterrasse.

■ **Elefantenhaus Speisemeisterei** € <043> Strandstraße 12, Tel. 940901, geöffnet: ab 12 Uhr. Das Lokal ist eine Mischung aus Bistro und Restaurant und der erfahrene Küchenchef bietet eine eher schelle Küche, beispielsweise Burger, Spare ribs oder Flammkuchen, aber es gibt auch Salate oder Fischbrötchen. Insgesamt rustikal-lässige Einrichtung und Atmosphäre.

■ **Königs Brasserie** €€ <044> Friedrichstr. 20, Tel. 3348, geöffnet: Fr.–Mi. ab 11 Uhr, Küche 11–21 Uhr. Draußen hat das Lokal eine kleine Terrasse, drinnen ist es ein relativ großes, geerdetes Lokal, im Eingangsbereich mit einem nicht gerade kleinen Tresen. Serviert wird eine variantenreiche Regionalküche.

■ **N'eys** €€€ <045> Kaiserstraße 24, Tel. 8980, www.georgshoehe.de, tägl. 12–14, 18–22 Uhr. Ein Restaurant mit Wintergarten im Strandhotel Georgshöhe, wurde im Gault Millau mit 13 Punkten und einer Kochmütze bewertet. Stilvoll eingedecktes Lokal mit tollem Blick auf die Nordsee. Es gibt eine überschaubare, wöchentlich wechselnde Speisekarte, auch Menüs werden angeboten, alles auf exzellentem Niveau. Wer sich mal was gönnen möchte, ist hier richtig.

■ **Osteria Amici** €€ <046> Jann-Berghaus-Str. 4, Tel. 991880, geöffnet: Do.–Di. 17–22.30 Uhr. Gemütliches Lokal mit italienischer Küche, serviert werden Fisch- und Fleischgerichte, auch Pasta, aber keine Pizza. Draußen gibt es noch eine kleine Terrasse mit ein paar Tischen und zwei Strandkörben. Keine Reservierungen, also früh kommen oder warten.

■ **Scheerers** €€ <047> Bismarckstr. 11, Tel. 548537, geöffnet: Mi.–Mo. ab

053no Abb.: mux

17.30 Uhr. Spezialität des Hauses sind Steaks und Fisch vom Lavagrill, es gibt auch kleine Gerichte und ein Salatbüfett. Eine eigene Spielecke für Kinder ist auch vorhanden. Der Gastbereich verteilt sich auf zwei Ebenen, im oberen befindet sich die offene Küche. Einige wenige Tische stehen auch draußen.

Fischlokale

- **Das kleine Fischrestaurant** €€ <048> Schmiedestraße 16, Tel. 990850, geöffnet: Do.–Di. 12–14, 17–22 Uhr. Hier gibt es Fisch in allen Variationen, auch eine Fischplatte mit mehreren Fischarten für zwei Personen, und es gibt auch eine eigene Kinderkarte.
- **Fischgenießerei** €-€€ <049> Knyphausenstr. 9, Tel. 936655, geöffnet: Mo.–Sa. 12–14, 17–20.30 Uhr. Kleines, nett eingerichtetes Bistro mit einigen Sitzplätzen draußen. Es gibt Fischgerichte, darunter Fischbrötchen, auch zum Mitnehmen.
- **Gosch** €-€€ <050> Wilhelmstraße 1–3, Tel. 9914050, geöffnet: tägl. ab 11 Uhr. Liegt am Kurplatz und bietet die typische Küche von Gosch, also Fisch und Meeresfrüchte zum Abholen vom Tresen, in einem Nebenraum gibt es auch Fischbrötchen. Immer sehr umlagert.
- **Le Pirate** € <051> Winterstraße 12, geöffnet: tägl. 12–20 Uhr. Kleines rustikales Lokal im im maritimen Stil. Hier gibt z. B. hausgemachtes Sushi, Fischbrötchen, Back- und Bratfisch und die geschätzte hausgemachte Fischsuppe „Bouillabaisse Art", etliche Gerichte werden auch außer Haus verkauft.
- **Norderneyer Fischmann** € <052> Jann-Berghaus-Str. 24, Tel. 934457. Ein echtes Original verkauft hier Fischbrötchen, frischen Fisch, Krabben und Räucherfisch, aber auch kleine Gerichte.

Café, Bistro und Co.

- **Bittersüß Norderney** € <053> Strandstraße 10, Tel. 4980426, geöffnet: Do.–Di. 11–18 Uhr. Kleines Café in der Stadtmitte mit Kaffeespezialitäten aus eigener Röstung, feinster Schokolade und Pralinen sowie Kuchen und belgischen Waffeln.

Gosch ist – wie überall – sehr beliebt

■ **Café Extrablatt** € <054> Am Kurplatz 3, Tel. 991613, geöffnet: tägl. ab 8.30 Uhr. Serviert wird abwechslungsreiche Bistroküche. Da sehr beliebt, hat man auch eine eigene Currywurst-Karte entwickelt, wo es ebensolche nicht nur ganz klassisch, also aus Berlin, sondern auch aus Dänemark oder New York gibt. Ansonsten werden auch Frühstück, Kuchen und Apfelstrudel angeboten und abends Cocktails. Das Lokal hat eine große Terrasse zum ruhigen Kurplatz.

■ **Café Friedrich** €€ <055> Friedrichstraße 18, Tel. 868980, geöffnet: Frühstück 9–12 Uhr, Küche 12–22 Uhr. Schick eingerichtet mit „puristischer Eleganz", wie es so treffend auf der Homepage heißt. Es gibt hausgebackenes Brot und Kuchen, sonst Fisch-, Pasta- und Fleischgerichte, Salate und auch täglich eine wechselnde Suppe der Saison. Sehr beliebt ist auch die Außenterrasse direkt in der Fußgängerzone.

■ **Café Mumpitz** € <056> Jann-Berghaus-Straße 20, Tel. 8689779, geöffnet: Mi.–Mo. 9.30–18 Uhr, Frühstück ganztägig. Kleines, nettes Café, serviert werden selbst gebackener Kuchen, Crêpes, Waffeln und verschiedene Kaffeespezialitäten.

■ **De Vries** €€ <057> Am Nordstrand 2, Tel. 935111, www.devries-norderney.de. Tolle Lage am Strand, nebenan befindet sich die Austernbar in der Badehalle. Große Terrasse zum Strand. Es gibt Fisch- und Fleischgerichte, Suppen, Salate und regionale Gerichte.

■ **Frieseneis** € <058> Bülowallee 7, geöffnet: Mitte März–Ende Oktober Di.–So. ab 11 Uhr. Ein kleines Häuschen im Park gegenüber der Kurverwaltung auf Höhe der Spielbank birgt eine winzige Eisdiele, wo es himmlisches Eis gibt. Hergestellt „mit Milch von der Küste", wie die Macher sagen, produziert im malerischen Greetsiel auf dem Festland. Auf die ziemlich großen Kugeln gibt es oben-drauf eine fantastische Soße. Das Eis wird auch im Restaurant Weiße Düne (s. S. 87) angeboten.

■ **Giftbude** €€ <059> Am Weststrand 2, Tel. 991372, geöffnet: Di.–So. ab 10 Uhr. Ein recht großes Lokal, das direkt beim Strand liegt. Es wurde 1850 eröffnet. Heute stehen hier Tische hinter einer großen Glasfront oder auf der Terrasse. Große Getränkeauswahl und eine Bistroküche mit Salaten, Pasta, Gerichten für „Senioren und Junioren", Pizza, Fleisch und Fisch.

■ **Kaffeegenießerei** € <060> Bismarckstraße 5, Tel. 936633, geöffnet: Di.–So. 9–18 Uhr, Winterzeit: Di.–Sa. 10–17 Uhr. Kleines Café unweit vom Nordstrand. Bietet Kaffee, Tee, Kakao, Kuchen, Torten (ab 12 Uhr) und Frühstück (9–12 Uhr).

■ **kurpalais** €€ <061> Am Kurplatz 1, Tel. 934833, geöffnet: Fr.–Mi. 10–22 Uhr. Schickes Café im Conversationshaus mit nettem Ambiente, drinnen stilvoller Barbereich, draußen eine angenehme Terrasse mit etlichen Tischen. Das Angebot umfasst Kaffee und Kuchen, kleine Gerichte, Wein, Bier und auch Cocktails.

■ **Milchbar** €€ <062> Damenpfad 33, Tel. 927344, geöffnet: tägl. 10–23 Uhr, Frühstück bis 11.30 Uhr, in der Nebensaison mittwochs geschlossen. Ein Klassiker an der Promenade. Ein Pavillon mit großer Panoramascheibe und einer großen Terrasse, am Abend zum Sonnenuntergang meist brechendvoll. Dann werden Getränke an Selbstbedienungstresen verkauft, vor denen sich immer eine lange Schlange bildet. Drinnen sitzt man sehr nett in lässigen Sitzen vor der riesigen Fensterfront. Es gibt Bistroküche, auch Außer-Haus-Verkauf und regelmäßig Loungemusik.

■ **Pesto Pesto** € <063> Jann-Berghaus-Str. 8, Tel. 8034732, www.pesto-pesto. com, geöffnet: Mo.–Fr. 11.30–13.30, Mo.–Sa. 17.15–22.15 Uhr. Kleines

085no Abb.: hj

spanisches Bistro mit wenigen Sitzplätzen (Reservierung nicht möglich), in dem Tapas und Antipasti, auch vegane, angeboten werden, außerdem Weine aus España.

■ **Riffkieker** € <064> Am Januskopf 9, Tel. 991020, www.riffkieker.de. Das Lokal ist baulich mit dem Surfercafé verbunden und hat auch eine ebenso tolle Terrasse. Es gibt eine Bistrokarte mit Salaten, Suppen, dem „Eintopf des Tages", Pasta, Fisch, Fleisch, saisonale Gerichte und auch eine Karte für Kinder.

■ **Surfcafé** €€ <065> Am Januskopf 9, Tel. 935750, www.surfcafe.info, geöffnet: tägl. 10–23 Uhr. Langschläferfrühstück bis 14 Uhr, ansonsten hauptsächlich norddeutsche Küche, auch zum Mitnehmen. Insgesamt ein lässig-junges Lokal, das sich unweit der Georgshöhe

⌂ *Die Nordseesonne kann man gut an der Milchbar (s. S. 85) genießen*

▷ *Ausflugsziel Weiße Düne*

beim Strand befindet. Es ist ein Rundbau mit Terrasse, von wo man einen tollen Blick aufs Meer hat. Wer möchte, kann sich auch einen Picknickkorb packen lassen.

■ **Weststrandbar** € <066> geöffnet: in der Saison tägl. ab 12 Uhr. Liegt unvergleichlich auf dem Deich direkt am Weststrand und ist eine Filiale des Norderneyer Brauhauses. Nicht viel mehr als ein halboffenes Gebäude mit wenigen Tischen und Bänken. Es gibt auch andere Getränke, nicht nur das sehr süffige, selbst gebraute Bier, und selbst kleinere Gerichte können geordert werden, aber hauptsächlich kann man hier unvergleichlich entspannt ein „lecker Bierchen" zischen.

Gastronomie außerhalb des Inselortes

■ **Meine Meierei** € <067> Lippestraße 24, Di.–So. 11–22 Uhr, www.meine-meierei.de. Beliebtes Lokal mit legerer Atmosphäre und einer humorvoll aufgemachten Karte mit Kuchen, Milchreis, Käseteller, Bier, Wein und Wurst vom Holzkohlegrill.

■ **Neys Place** €€ <068> Am Hansedamm 1, Tel. 991991, geöffnet: tägl. ab 11 Uhr. Liegt am Hafen und bietet einen 270°-Meerblick in hellen, lichtdurchfluteten Räumlichkeiten mit Wintergarten bei legerem Ambiente. Obendrein gibt es eine Lounge und eine Schirmbar. Die Küche bietet klassische Gerichte, aber auch Vegetarisches.

■ **Old Smuggler** €-€€ <069> Birkenweg 24, Tel. 3568, www.oldsmuggler-norderney. de, geöffnet: Do.–Di. 11–14 und ab 17 Uhr. Uriges Lokal mit einem schiffsförmigen Tresen und einer kleinen Terrasse. Umfangreiche Karte mit Fisch-, Geflügel- und Fleischgerichten, es gibt auch Salate, kleinere Gerichte und vegetarische Speisen.

■ **Strandpieper** €€ [s. Faltplan] <070> Am Leuchtturm 12, Tel. 0152 07478231, geöffnet: Do.–Di. 11.30–17 und 18–22 Uhr. Liegt ganz im Inselosten unmittelbar beim Parkplatz vor dem FKK-Strand. Das umgestaltete Lokal löst die

bekannte Oase ab und präsentiert sich als Strandbistro, Räucherei und Restaurant. Es gibt bodenständige Küche mit klassischen Gerichten (Fischbrötchen, Labskaus) sowie Räucherfischgerichte, Fleischgerichte, Currywurst, Angebote für Vegetarier und eine eigene Abendkarte.

■ **Weiße Düne** €€ [s. Faltplan] <071> Weiße Düne 1 (am Oststrand), Tel. 935717, geöffnet: tägl. 11–21 Uhr (warme Küche). Holzbau in den Dünen an einem Strandzugang mit einer charmant-rustikalen Atmosphäre. Draußen eine Terrasse mit Tischen, Bänken und auch einigen Strandkörben, drinnen ein Restaurantbereich und ein Kaminzimmer. Das Lokal ist immer gut besucht und die Plätze draußen könnte man wohl versteigern, selbst in der kalten Jahreszeit. Es gibt regionale, inseltypische Küche. Angeschlossen ist ein kleiner Shop (geöffnet: Mi.–Mo. ab 11 Uhr), in dem Deko-Artikel, einige Bücher und Mitbringsel angeboten werden.

055no Abb.: mux

056no Abb.: hj

Lokale mit guter Aussicht

Auf den Strand und das Meer
> De Vries (s. S. 85)
> Giftbude (s. S. 85)
> Milchbar (s. S. 85)
> Riffkieker (s. S. 86)
> Surfcafé (s. S. 86)
> Weststrandbar (s. S. 86)
■ Marienhöhe €€ <072> Dampenpfad 42, Tel. 9350153, www.marienhoehe-norder ney.de, geöffnet: Mi.–Mo. 10–22 Uhr. Ein historisches Lokal in exponierter Lage, etwas erhöht auf der gleichnamigen Düne. Diese ist nach der ehemaligen Königin von Hannover (Marie von Hannover) benannt, die hier vorzugsweise ihren Kaffee einnahm. Deswegen wurde oben auf der Kuppe ein Pavillon gebaut, aus dem sich dann ab 1868 ein Café entwickelte, das zunächst unterhalb der Düne stand und von wo man den königlichen Kaffee nach oben trug. Ab 1923 wurde der Holzpavillon dann zu einem massiven Café ausgebaut. Es ist heute eine Mischung aus Café und Restaurant, ein Rundbau, um den herum die Terrasse liegt. Die Tische stehen hier etwas beengt, aber man hat einen hervorragenden Blick aufs Meer.

Auf den Kurplatz
> Café Extrablatt (s. S. 85)
> kurpalais (s. S. 85)

Auf den Hafen
> Neys Place (s. S. 87)

Lecker vegetarisch
Es gibt kein einziges rein vegetarisches Restaurant auf Norderney, aber ein paar Lokale bieten auch vegetarische Speisen an:
> De Leckerbeck (s. S. 83)
> Neys Place (s. S. 87)
> Old Smuggler (s. S. 87)
> Pesto Pesto (s. S. 85)
> Strandpieper (s. S. 87)

⌂ *Entspannte Urlaubsstimmung im Strandlokal*

Norderney am Abend

Norderney hat ein **veritables Nachtleben**, wahrscheinlich das vielseitigste und lebendigste aller Nordseeinseln mit Ausnahme von Sylt. Allerdings gibt es zur Sylter Gastronomieszene einen feinen Unterschied. Während es auf Sylt durchaus einige etwas versnobte Bars und Nightlife-Läden gibt, die durch Preisgestaltung und Ambiente ein eher gehobenes Niveau signalisieren, sieht es auf Norderney ganz anders aus. Hier sind die Bars und Tanzschuppen durch die Bank **geerdet**. Es gibt eher Bier als Champagner, eher Currywurst als Austern. Abgehobene Preise oder ein versnobtes Auftreten kann sich hier kein Gastronom leisten. Man bemüht sich um Normalität und genau das schätzen auch mehrheitlich die Gäste. Sie kommen gern auch in großen Gruppen und so hat sich Norderney auch einen Ruf als **Partyinsel** erworben, die gerne von feierfreudigen Klubs und Vereinen besucht wird – vorzugsweise auch an Feiertagen, die sich durch geschickte Urlaubsplanung zu einem verlängerten Wochenende ausdehnen lassen. Partygruppen sind in manchen Kneipen hochwillkommen. Es gibt sogar Lokale, die während der Sommerferien schließen, da dann „nur" Familien auf die Insel kommen. Partygäste geben meist eine Menge Geld aus, allerdings wird es dann speziell im Zentrum der Inselstadt schon mal etwas unruhiger, wie der Autor selbst erlebt hat. Viele Restaurants, Klubs und Kneipen liegen nämlich im Ortskern zwischen Kurplatz und Poststraße. Es hat halt alles zwei Seiten und wer ausschließlich Ruhe sucht, der sollte seine Unterkunft nicht gerade im Ortskern wählen. Wer dagegen auch selbst mal mit anderen Menschen feiern möchte, der findet auf Norderney ein ziemlich breites Angebot.

■ **Beach Club** ‹073› Strandstraße 2, Tel. 1006, geöffnet: Di.–So. abends. Langjährig bewährte Tanzbar „für Junggebliebene". Liegt nicht am Strand, sondern im Herzen der Stadt. Regelmäßig werden Mottopartys gefeiert.

❯ **Fischerkate**, Tel. 8010, geöffnet: Mo.–Mi. 17–3, Do.–Sa. 14–3, So. 14–1.30 Uhr. Eine urige Bierkneipe im

☑ *„Herrrreinspaziert"*
in die Haifischbar (s. S. 90)

057/no Abb.: mux

Inselhotel König (s. S. 127). Im gleichen Hotel befindet sich auch die Bülowbar (tägl. ab 16 Uhr geöffnet) mit einem breiten Angebot u. a. an über 100 Cocktails und 58 Whisk(e)y-Sorten.

■ **Goodewind** <074> Gartenstraße 58a, Tel. 3262, geöffnet: Di.–So. 17–1 Uhr. Angenehme Bar in einem äußerlich eher unscheinbaren Haus. Draußen wird man als Gast mit einer Spruchweisheit des Tages auf einer Schiefertafel empfangen, eine ungewöhnlich nette Geste. Überschaubares Lokal mit einer guten Palette an Cocktails.

■ **Haifischbar** <075> Osterstraße 6, Tel. 934799, geöffnet: Mo.–Sa. ab 17 Uhr. Fällt schon von außen durch die bunte Bemalung auf, drinnen gibt es ein uriges, maritimes Ambiente, das fast schon an ein Museum erinnert. Sehr buntes Publikum – Einheimische und Touristen – und ein origineller Wirt, immer mit Kapitänsmütze.

■ **King's Club** <076> Osterstraße 6, Tel. 4673380, geöffnet: Mi.–So. ab 21 Uhr, auch bekannt unter dem Namen des Betreibers: „Tante Jens" schenkt nicht nur Bier und Schnaps aus (darunter die Eigenkreation „Schnapsi-Taxi"), sondern schnappt sich auch gerne das Mikrofon und gibt Lieder zum Besten. Tante Jens' Motto lautet bezeichnenderweise: Normal sein kann jeder.

■ **Norderney Brauhaus** <077> Damenpfad 5, Tel. 935087, geöffnet: So.–Do. 16–23, Fr./Sa. 16–24 Uhr. Ein relativ kleines Lokal, in dem es auf der Insel gebrautes, süffiges Bier und kleine Gerichte gibt.

■ **Pasadena** <078> Kirchstraße 17, Mi.–Mo. ab 21 Uhr. Außen steht es geschrieben: „Danz op de Deel" (Tanz auf der Diele). Eine Feier-und Tanz-Location.

■ **Wunderbar** <079> Kirchstraße 24, geöffnet: Di.–So. ab 22 Uhr. Tanzbar mit wechselnden Events, Mottopartys und mit Live-DJs.x

Was wo kaufen?

Norderney hat eine erstaunliche Bandbreite an kleinen Geschäften, die längst nicht nur die typischen Strandutensilien verkaufen, wie man sie an jedem Badeort findet. Nein, hier gibt es **Schmuck- und Modegeschäfte**, die jeder Kleinstadt zur Ehre gereichen würden, darunter auch mehrere namhafte Markenläden und viele kleine **lokale Händler**. Beispielsweise Fischhöker, Teegeschäfte oder auch Läden mit Sanddorn-Produkten. Große Kaufhäuser gibt es nicht, dafür aber etliche **Supermärkte**. Diese liegen zumeist im Ortskern, einige auch am Rand, einer beispielsweise gleich am Hafen und ein anderer im östlichen Ortsteil in der Nordhelmstraße.

Ortstypische oder lokal produzierte **Lebensmittel** gibt es aber nicht viele. Fast das gesamte Angebot wird und muss auf die Insel transportiert werden, was zu leicht erhöhten Preisen führt. Vor Ort produziert wird kaum etwas, eine der großen Ausnahmen ist das Bier vom Norderneyer Brauhaus (s. S. 90).

Die **Haupteinkaufszone** konzentriert sich auf wenige Straßen, hier vor allem die Poststraße, die Strandstraße, die Jann-Berghaus-Straße und die Friedrichstraße nebst einigen Nebenstraßen. Da alle zu Fußgängerstraßen umgestaltet sind, lässt es sich hier wunderbar flanieren. Durch die Bäderregelung können die Läden meist am Sonntag auch öffnen, was aber längst nicht alle tun. Generell schließen die meisten Geschäfte gegen 18 Uhr, ein spätes Shopping wie in einer Großstadt üblich, ist auf Norderney nicht möglich. Ganz einfach auch deshalb, weil so mancher Angestellte wieder mit der Fähre zurück aufs Festland pendeln muss. Ein wenig überraschend mag wirken, dass viele Läden sich eine recht lange **Mittagspause** gönnen, die nicht selten bis 15 Uhr dauert.

Accessoires und Deko-Artikel

■ **Alfred Berghaus** <080> Berghausenstraße 17, Tel. 1689, geöffnet: Mo.–Fr. 9–12.30, 15–18, Sa. 9–12.30 Uhr. Geschirr- und Porzellanfachhändler, der u. a. auch Teetassen mit der ostfriesischen Rose anbietet.

■ **Moi Reev** <081> Benekestraße 50, Tel. 2101, www.moi-reev.de, geöffnet: Do.–Di. 10.30–12.30, 15–18, Sa. 10–12.30 Uhr. Der Name des Ladens heißt übersetzt „Schöne Sachen" und schön ist der Laden auch selbst. Es gibt holländische und dänische Accessoires für Haus, Heim und Garten und auch für Kinder.

■ **Namuth** <082> Poststraße 2, Tel. 424, www.namuth-norderney.de, geöffnet: Mo.–Fr. 10–13, 15–18, Sa. 10–13 Uhr. Große Auswahl an Deko-Artikeln und Wohnaccessoires, teilweise sehr originelle und ausgefallene Stücke. Als Insel-Mitbringsel bieten sich „Ney-Perlen" (schwarze Pfefferminzperlen) aus der Klack-Dose an.

■ **Strandhaus** <083> Strandstr. 10, Tel. 990868, geöffnet: Mo.–Fr. 10–18.30, Sa. 10–17, So. 10–14 Uhr. Hochwertige Wohnaccessoires und ausgefallene Souvenirs.

Bücher

■ **Bücher Lübben** <084> Strandstraße 5, Tel. 927377, Mo.–Sa. 9–18.30 Uhr. Große Literaturauswahl, auch an Büchern über Ostfriesland und an Regional-Krimis. Außerdem werden Originale des Zeichners Ole West verkauft.

Kunst

■ **Atelier in der Schmiede** <085> Lange Straße 30, Tel. 81932, www.atelierschmiede-norderney.de, geöffnet: Mo.–Fr. 9–12, 15–18, Sa. 9–12 Uhr. Bilder, Skulpturen und grafische Arbeiten gehören zur Arbeit des Künstlers.

■ **Dagmar Berg** <086> Benekestraße 12, Tel. 927816, geöffnet: Mo.–Fr. 10–12, 15–18, Sa. 10–12.30 Uhr. Kunsthandwerk und Wohndekor mit einer guten Auswahl an zauberhaften Deko-Artikeln, Vasen und Kunsthandwerk in einem kleinen, sehr reizvoll geschmückten Geschäft.

■ **Galerie Hanna Abendroth-Rass** <087> Gartenstraße 27, Tel. 927262. Verkauft werden Aquarell- und Acrylbilder mit maritimen Motiven, auch von Norderney. Es sind keine Öffnungszeiten angegeben, daher einfach an der Tür klingeln.

Lebensmittel

■ **Deckena Wurst und Schinken Manufaktur (1)** <088> Strandstraße 20, Tel. 91120, geöffnet: Mo.–Fr. 8–18, Sa. 8–13 Uhr. Hier gibt es Norderneyer Wurst- und Fleischspezialitäten aus eigener Herstellung und eine Auswahl an Marmeladen und Sanddornprodukten. Filiale:

■ **Deckena Wurst und Schinken Manufaktur (2)** <089> Friedrichstraße 16,

■ **Inselbäckerei Bethke** <090> Winterstraße 15, Tel. 991900, geöffnet: Mo.–Sa. ab 6.30, So. ab 7.30 Uhr. Eine von mehreren Filialen dieses Inselbäckers, der täg-

Norderneyer Seeluftschinken

Der Norderneyer Seeluftschinken reift mehrere Wochen in einer **Schinken-trocknerei** auf der Insel. Schweinehaltung gibt es auf Norderney aber nicht, das Fleisch stammt vom Festland. Termine zur Verköstigung können über die Website vereinbart werden.

■ **Norderneyer Schinken** <100> Im Gewerbegelände 47, www.norderneyer-seeluftschinken.de

Kostenlose Bücherkiste

In der Nähe der Polizeiwache (s. S. 124) in der Knyphausenstraße 7 steht eine Bücherbox zum Buchtausch für jedermann. Es funktioniert ganz einfach: Buch auswählen, herausnehmen und entweder nach dem Lesen wieder zurückstellen oder gleich im Tausch ein neues hineinstellen.

lich frische Backwaren liefert, jeden Morgen bilden sich lange Brötchen-Holer-Schlangen. Es gibt auch Kuchen und in dieser Filiale auch ein kleines Café.

■ **Norderneyer Teehuus** <091> Strandstraße 16, Tel. 1400. www.norderneyer-teehuus.de. Schön gestalteter Laden mit einer Kachelstube mit handgemalten holländischen Kacheln. Breites Angebot an ostfriesischen Teespezialitäten und Tee-Accessoires, zudem Sanddorn-Produkte, Stoffe aus der Provence und Postkarten.

■ **Norderneyer Zuckerhuus** <092> Strandstraße17, Tel. 934519, geöffnet: tägl. 11–18 Uhr. Hat mehr als nur Süßigkeiten im Angebot, u. a. auch Lakritz, das man sich selbst aus einem Glas in ein Tütchen füllen kann. Außerdem Teemischungen, Inselgrüße aus Zuckerwatte, Gebäck und Sanddorn-Artikel.

■ **Norderneys Konditorei** <093> Jann-Berghaus-Straße 8, Tel. 81353, www.norderneys-konditorei.de, geöffnet: Mo.–Sa. 7.30–13 Uhr. Bietet leckere Backwaren, Kuchen, Schokolade, Feingebäck, Pralinen und auch selbst gemachte Konfitüren.

■ **Sanddornstübchen** <094> Friedrichstraße 28, Tel. 81188, geöffnet: Mo.–Sa. 10–18 Uhr. Wie der Name schon vermuten lässt, gibt es hier viele Produkte aus Sanddorn, u. a. über 50 Teesorten, auch Schnaps oder Trüffel, Konfitüre, Säfte und Honig.

■ **Solaro** <095> Friedrichstraße 27, Tel. 2194, geöffnet: Mo.–Fr. 9–13, 15–18, Sa. 9.30–18 Uhr. Solaro hat eine große Auswahl an Tee, Pralinen aus eigener Produktion, Gebäck, Schokoladen und auch ausgewählte Alkoholika und Marzipan.

■ **Tee Ambiente** <096> Poststr. 3, Tel. 840960, Mo.–Fr. 9.30–12.30, 15–18, Sa./So. 10.30–13 Uhr. Große Auswahl an Teesorten, auch Teegeschirr mit sowohl klassischen als auch maritimen Motiven sowie Norderney-Becher und handbemalte Birkenholz-Tabletts.

■ **Vinothek Dettweiler** <097> Jann-Berghaus-Straße 76, Tel. 9359914, geöffnet: täglich 16.30–22.20 Uhr. Kleines Geschäft mit Wein, Sekt, Schnäpsen und anderen Produkten aus dem Weingut Dettweiler. Mit einer Probiermöglichkeit, zu der auch kleine Snacks serviert werden.

■ **Wochenmarkt** <098> am Ende der Adolfsreihe, fast bei der Bülowallee, Mi. 8–13 Uhr

Mode

■ **Adenauer & Co.** <099> Strandstr. 14, Tel. 9359911, geöffnet: Mo.–Sa. 10–18, So. 10–14 Uhr. Lässige, farbenfrohe Surf- und Strandmode. Und ja, der Chef und Namensgeber ist tatsächlich mit dem ehemaligen Bundeskanzler verwandt. Er ist ein Enkel.

■ **Mannefeld** <101> Strandstr. 16, Tel. 2994, geöffnet: im Sommer Mo.–Sa. 10–18, So. 10–14, im Winter Mo.–Fr. 10–13 und 15–18, Sa. 10–14 Uhr. Sportlich-elegante Mode vor allem für Herren, aber auch für die Dame.

■ **Meermode** <102> Friedrichstr. 19, Tel. 8689520, geöffnet: Mo.–Fr. 9.30–13, 15–18, Sa. 9.30–13 Uhr. Sportive junge Mode, u. a. auch Shirts mit Norderney-Motiven.

■ **Mia Coprian** <103> Friedrichstraße 26, Tel. 2000, geöffnet: Mo.–Fr. 10–13, 15–18, Sa. 10–14 Uhr. Kleinere Boutique mit meist wenig bekannten Labels aus Deutschland, Skandinavien und den Niederlanden, die nach dem Nachhaltigkeitsprinzip arbeiten.

■ **Pomp** <104> Poststraße 1, Tel. 935159, pomp-schuhe.com, geöffnet: Mo.–Sa. 10–13 und 14.30–18 Uhr. Ein pfiffig aufgemachtes Geschäft mit exklusiven Schuhmoden im Souterrain des historischen Postgebäudes. Es bietet eine schicke Auswahl an Schuhen des eigenen Labels, aber auch eine Auswahl anderer hochwertiger Marken.

■ **Sør Woman** <105> Am Kurplatz, Tel. 2230, Mo.–Sa. 10–18.30, So. 11–16 Uhr. Großes Geschäft dieses trotz des skandinavisch klingenden Namens deutschen Modehauses. Geboten wird hochwertige und stilvolle Damenmode.

Sonstiges

■ **Bernstein Juwel** <106> Strandstr. 13, Tel. 0171 7774467, geöffnet: Mo.–Sa. 10–17 Uhr. Vielfältiger und kreativ gefertigter Bernsteinschmuck.

■ **Drachenladen Windgeflüster** <107> Kirchstraße 15, Tel. 935338, www.drachenladen-windgefluester.de, geöffnet: Mo.–Sa. 10–18 Uhr. Ein Spezialgeschäft für Lenkdrachen, Windspiele

KURZ & KNAPP

Sanddorn

In Geschäften wie dem **Sanddornstübchen** (s. S. 92) können die verschiedenen Sanddorn-Produkte gekauft werden. Die Pflanze wird zu den unterschiedlichsten Waren verarbeitet, darunter auch zu Brotaufstrichen, Säften, Marmeladen, Alkoholika und sogar zu Tees.

Sanddorn kann dank seiner meterlangen Wurzeln auf sandigem Boden und sogar auf Dünen gedeihen. Die Früchte leuchten knallig orange, die Blätter erscheinen silbrig, die rotbraunen Äste tragen Dornen, daher rührt auch der Name. Etwa im April blüht der Sanddorn mit gelben Blüten, die Früchte werden ab August geerntet. Sie sind wahre Vitaminbomben, haben einen sehr hohen Anteil an Vitamin C und auch Vitamin B12, was bei Früchten eher selten ist, außerdem Vitamin E und Beta-Carotin.

und Zubehör, es gibt aber auch maritime Deko-Artikel.

■ **Holtmann** <108> Jann-Berghaus-Straße 10, Tel. 3856, www.goldschmiede-holtmann.com, geöffnet: Mo.–Fr. 9.30–13 und 15-18, Sa. 10–14, So. 10.30–12.30 Uhr. Hier gibt es speziellen Norderney-Schmuck, beispielsweise Ringe, Anhänger oder Krawattennadeln mit Norderneyer Motiven.

■ **Juwelier Götting** <109> Friedrichstr. 15, Tel. 572. Ein Schmuck- und Uhrengeschäft, das auch maritimen Silberschmuck führt.

■ **Sehstücke** <110> Friedrichstraße 29, Tel. 991414, geöffnet: tägl. 9–18 Uhr. Kunterbunter Laden mit einem beachtlichen Angebot an Bekleidung, touristischen Strandutensilien und Andenken, Kite-Zubehör und auch an Lenkdrachen.

058no Abb.: mux

Natur erleben

Auf der Nordseeinsel Norderney gibt es ganz **unterschiedliche Naturland-schaften**. Neben dem breiten Sand-strand und den malerisch schönen **Dünen** an der Nordseite, die teil-weise weit in die Insel hineinragen, wachsen hier auch Bäume in kleinen **Wäldchen**, was auf Nordseeinseln eher ungewöhnlich ist. An der Südsei-te liegt das Übergangsland **Salzwie-se** vor dem Wattenmeer. Die Südsei-te der Insel ist teilweise durch einen **Seedeich** geschützt und dahinter öff-net sich die Wunderwelt des **Watten-meeres**. Überall haben sich Pflanzen und Tiere angesiedelt und den jewei-ligen Bedingungen angepasst.

Die Nordsee

Die Nordsee ist ein Randmeer des At-lantischen Ozeans. Sie hat sowohl zur Ostsee als auch zum Atlantik durch das **Skagerrak** (zwischen Dänemark und Norwegen) und den **Ärmelkanal** (zwischen Großbritannien und Frank-reich) Kontakt. Der Wasseraustausch mit dem Atlantik ist sehr hoch, mit der Ostsee hingegen gering, was sich nachteilig auf den Sauerstoffgehalt der Ostsee auswirkt. Die gesamte Nordsee hat eine durchschnittliche Tiefe von nicht ganz 100 m und eine Fläche von 575.000 km². Die Nord-Süd-Ausdehnung beträgt 1100 km, wovon der deutsche Küstenanteil etwa 460 km entspricht.

Entstanden ist die Nordsee nach dem Ende der letzten **Eiszeit**, der Weichseleiszeit. Diese Kältephase begann vor ca. 115.000 Jahren und endete vor ca. 11.000 Jahren, pha-senweise lag der Meeresspiegel da-mals 120 m unter dem heutigen.

Nach dieser Eiszeit schmolzen die Gletscher langsam ab, der Nord-seepegel stieg an. Landmassen er-hoben sich, vom Druck des Eises be-freit, niedrig gelegenes Land versank in den Fluten und erste Inseln ent-standen. Vor etwa 5000 Jahren lag der Wasserstand gut 10 m unter dem

⌂ Nordseewellen sind wie Pranken-schläge (meinte schon Thomas Mann)

heute gültigen Normalnull. Knapp 1000 Jahre später entstanden die ersten Watten, der gestiegene Wasserpegel staute schließlich auch die Flüsse und ein breiter, schlammiger Streifen bildete sich heraus. Hier lagerten sich im Lauf der Jahrtausende viele Sinkstoffe ab und bildeten einen Nährboden für Kleinstlebewesen aller Art. Durch die Gezeiten fielen diese Gebiete periodisch trocken und wurden dann ebenso regelmäßig wieder überschwemmt. Der Wind tat ein Übriges, er wehte überwiegend aus Westen und trieb Sand vor sich her, der sich schließlich auf Meeressockeln ablagerte. **Kleine Inseln** entstanden, erste Pionierpflanzen wuchsen und auf diesen Sandinseln siedelten sich schließlich auch Menschen an.

Inseln in der Nordsee

Vor der deutschen Nordseeküste liegen **ein gutes Dutzend bewohnter Inseln** und einige unbewohnte Inseln sowie zehn Halligen, die in etwa kreisförmig um die Insel Pellworm angeordnet sind. In Schleswig-Holstein sind dies die **Nordfriesischen Inseln** Sylt, Amrum, Föhr und Pellworm nebst den Halligen (Helgoland bildet eine Ausnahme, da diese als Hochseeinsel etwa 70 km entfernt vom Festland liegt und eine andere Entstehungsgeschichte hat.) Die Nordfriesischen Inseln sind im Kern entweder früheres Festland oder Reste von einst größeren Inseln, die im Laufe der Jahrhunderte durch Sturmfluten zerrissen und von Wind und Strömungen modelliert wurden. Die Inseln Sylt, Amrum und Föhr haben einen Geestkern und liegen im Wattenmeer, das hier von tiefen Prielen und Strömungswegen durchzogen

wird, was es für die Schifffahrt nicht gerade leicht macht. Die Priele erkennt man erst bei Ebbe richtig, bei Hochwasser sind sie vom Meer bedeckt und zumindest teilweise durch Pricken oder Bojen markiert. Pellworm und einige Halligen sind Überbleibsel eines früher sehr fruchtbaren Marschbodens, der zum Festland gehörte. Sturmfluten zerrissen die Küstenlinie, schufen neue Inseln und ließen früheres Land untergehen. Aber auch der beständige Wellengang, die dauernde Strömung sowie der zumeist aus West wehende Wind veränderten die Inseln und lassen noch heute die Strände wandern. Es entstehen ganz neue Sandarme, Nehrungen genannt, was man gut auf Sylt im Norden beim „Ellenbogen" sehen kann. Auch auf Borkum wandert vor dem Hauptstrand eine Sandbank Richtung Insel, es ist jene Sandbank, auf die die Seehunde gerne rasten.

Die **Ostfriesischen Inseln** bestehen aus den sieben Inseln Borkum, Juist, Norderney, Baltrum, Langeoog, Spiekeroog und Wangerooge sowie aus den fünf unbewohnten Mini-Eilanden Lütje Hörn (östlich von Borkum), Vogelinsel Memmert, Kachelotplate (zwischen Borkum und Juist), Minsener Oog und Mellum (beide südöstlich vor Wangerooge). Sie sind im Gegensatz zu den Nordfriesischen Inseln auf Sand gebaut, den die Nordseeströmung beständig heranspült. Zunächst waren es nur Sandbänke, die bestenfalls sporadisch bei Ebbe aus dem Wasser herausragten, später wuchsen sie, wurden nicht mehr überspült und Dünen entstanden. Wann genau die Besiedlung begann, ist nicht ganz geklärt, vermutlich irgendwann im Mittelalter. Der beständig wehende Wind ließ einerseits die schönen Strände entstehen, lässt aber auch die Inseln noch heute wandern. So ist Wangerooge in den letzten 400 Jahren etwa drei Kilometer gewandert. Auf Juist musste die evangelische Inselkirche bislang fünfmal versetzt werden, da Sandverwehungen ihren jeweiligen alten Standort gefährdeten. Auch Sturmfluten tragen einiges dazu bei, sie reißen an der einen Stelle Sand ab und tragen ihn an anderer Stelle wieder an. Es ist viel Dynamik im Spiel. So ist auch eine der früheren Ostfriesischen Inseln vollständig untergegangen. Die **Insel Buise** lag zwischen Juist und Norderney und war bis 1541 bewohnt, im Jahr 1690 ging sie nach der Petriflut für immer verloren, ihr Sand wanderte nach Norderney. Ursprünglich soll Buise nach einer Sturmflut aus der sehr viel größeren **Insel Bant** herausgerissen worden sein. Auch Bant verschwand in den Fluten, sie war noch im 16. Jahrhundert bewohnt. Durch Erosion und Sturmfluten schrumpfte die Insel immer mehr, bis sie ab 1780 vollständig in der Nordsee versank.

Alle Inseln, sowohl die Nordfriesischen (mit Ausnahme von Helgoland) als auch die Ostfriesischen, liegen dem Festland vorgelagert in einer Entfernung von etwa 5 bis 20 km. Diese Inselkette bildet eine Art **Barriere gegen die dauernd anrollende Nordsee**. Der ständige Westwind, die Wellen, die Gezeiten haben an der jeweiligen Westseite der meisten Inseln einen schönen, hellen Sandstrand entstehen lassen – mal stärker ausgeprägt, wie auch auf Norderney, mal etwas weniger breit. Auch auf Nor-

Windstärken

Beaufort	km/h	Wind und Zustand der See
0	0–1	Still, es herrscht Windstille, Rauch steigt senkrecht auf, das Meer ist glatt.
1	2–5	Leiser Luftzug, leichte Kräuselung der See
2	6–11	Leichte Brise, leichter Wind spürbar
3	12–19	Schwache Brise, vereinzelte Schaumköpfe auf dem Meer, Fahnen stehen im Wind gestreckt.
4	20–28	Mäßige Brise, vermehrt Schaumköpfe auf dem Meer
5	29–38	Frische Brise, überall Schaumköpfe auf dem Meer
6	39–49	Starker Wind, große Wellen entstehen, etwas Gischt wird gebildet
7	50–61	Steifer Wind, Wellen türmen sich, weißer Schaum in Windrichtung, ganze Bäume schwanken
8	62–74	Stürmischer Wind, relativ hohe Wellenberge, gegen den Wind gehen fällt schwer
9	75–88	Sturm, hohe Wellenberge entstehen, Dachziegel können abgeweht werden
10	89–102	Schwerer Sturm, sehr hohe Wellenberge, weißer Schaum auf dem Meer, Bäume können entwurzelt werden
11	103–117	Orkanartiger Sturm, sehr hohe Wellenberge
12	118 +	Orkan, das Meer ist vollständig weiß, die Luft ist mit Gischt durchsetzt.

derney gilt der grundsätzliche **Insel-Aufbau**, bei dem der Sandstrand an der zum Meer offenen Seite von einer **Dünenzone** begrenzt wird. Etwas weiter im Inland finden sich dann hochgewachsene Weißdünen, die von angewachsenem Strandhafer am Wandern gehindert werden. Noch weiter im Hinterland hat sich die Farbe der Dünen durch Humus verdunkelt, diese Dünen nennt man Graudünen bzw. sogar Braundünen (auch der Begriff Schwarzdünen ist bekannt), da hier sogar Büsche oder Bäume wachsen können. Danach folgen Flächen mit **kleinen Wäldern**, feuchten und teilweise bewachsenen **Dünentälern** und schließlich, an der dem Festland zugewandten Inselseite, **Salzwiesen**, auf denen nur noch sehr spezielle salzwasserresitente Pflanzen wachsen können. Daran schließt sich das offene **Wattenmeer** an, das einen ganz eigenen Lebensraum darstellt.

Ebbe und Flut

Die Nordsee wird durch die Gezeiten, die **Tiden**, geprägt. Sechs Stunden läuft das Wasser auf, dann läuft es wieder sechs Stunden ab und alles geht von vorn los. Nach exakt 12:25 St. wird dann wieder Hochwasser erreicht. Ein kompliziertes Zusammenwirken der Anziehungskräfte und der Fliehkraft des Mondes und der Erde erzeugt ein Ansteigen und Absinken des Wasserstandes, das an den Küsten als Ebbe und Flut spürbar wird.

Die Erde dreht sich in 24 Stunden einmal um die eigene Achse, der Mond aber benötigt knapp 25 Stunden, um die Erde einmal zu umrunden, weswegen sich die Tiden jeden Tag um knapp eine Stunde verschieben. Der kurze Zeitraum zwischen Niedrig- und Hochwasser wird Stauwasser genannt, hier steht das Wasser. Gefährlich wird es bei Neumond oder Vollmond, da sich dann die Kräfte verstärken und die Tide „an Land

Gefahren beim Baden

*So toll es auch ist, mit den Wellen zu „kämpfen", man sollte auch die Gefahren kennen. Zunächst darf die **Strömung** nicht unterschätzt werden. Besonders bei **ablaufendem Wasser** werden Badende leicht weggetrieben und selbst geübte Schwimmer haben bei starker Strömung Schwierigkeiten, wieder an Land zu kommen. **Kinder** dürfen deshalb nie allein gelassen werden, selbst wenn sie nur am Ufer planschen. Die Wellen brechen sich nicht immer an der gleichen Stelle, manche rollen weiter aus und können eine unglaubliche **Sogwirkung** entwickeln, wenn sie zurückfließen. Das kann einem kleinen Menschen glatt die Beine wegreißen. Auch Erwachsene können von größeren Wellen zu Boden gebracht werden. Je höher die Wellen sich aufbauen, desto stärker sind auch der Rückfluss und damit der Sog.*

*Es gibt immer **bewachte Strandabschnitte,** an denen erfahrene Rettungsschwimmer aufpassen. **Flaggen** in den Farben Rot-Gelb zeigen das bewachte Gebiet an. Wird zusätzlich eine gelbe Flagge gehisst, ist das Schwimmen gefährlich, Rettungsschwimmer sind aber vor Ort. Erscheint den Rettungsschwimmern das Baden als zu gefährlich, ziehen sie eine einzelne **rote Flagge** als Warnzeichen auf, das bedeutet ein generelles **Badeverbot** und dass keine Badeaufsicht vor Ort ist.*

springt", was Springtide oder Spring-flut genannt wird. Herrscht bei auf-laufendem Wasser starker Westwind, kommt es zu einer der gefürchteten Sturmfluten. Das Gegenteil ist eine Nipptide. Bei Halbmond heben sich die Anziehungskräfte von Mond und Erde zum Teil auf, die Flut nippt nur schwach ans Ufer.

Genaue Tiden können im **Gezei-tenkalender** nachgelesen werden, der meist in der Touristeninformation (s. S. 120) ausliegt.

Dünen

Sehr vereinfacht ausgedrückt, ent-standen die Ostfriesischen Inseln durch **Sandaufschiebungen,** bedingt durch den stetig wehenden Wind aus zumeist westlicher Richtung und durch die entsprechenden Strömun-gen des Meeres. Zuerst bilden sich im Wind, der den Sand treibt, kleine Hindernisse wie Muschelschalen, an denen Sand hängen bleibt. Dadurch entstehen langsam kleine Sandhäuf-

Schwere Sturmfluten

> *16.2.1164: Julianenflut, man spricht von 20.000 Opfern.*
> *16.1.1219: Marcellusflut, 36.000 Tote*
> *14.12.1287: Luciaflut, angeblich 50.000 Tote*
> *16.1.1362: Marcellusflut oder auch „Grote Mandränke".* *Die Insel Rungholt ging unter, angeblich 100.000 Tote.*
> *Drei weitere Sturmfluten im 14. Jh. gelten als nicht restlos gesichert, aber ziemlich wahrscheinlich: 1313, 1341, 1380.*
> *1436: Am 1.11. fegte ein Orkan über die Küste, genannt die Aller-heiligenflut. Auf Sylt versank der Ort Eidum in den Fluten.*
> *1483: zwei Sturmfluten in einem Jahr*
> *1532: Am 2.1. forderte die „Große Flut" allein auf Nordstrand 1600 Menschenleben.*
> *1570: Allerheiligenflut mit mehreren Tausend Opfern*
> *1634: Zweite Grote Mandränke und schlimmste Sturmflut bisher. Die Insel Strand wurde in mehrere Teile zerrissen, rund 10.000 Tote.*

> *1717: Die Weihnachtsflut forderte 12.000 Tote, schwere Deichschäden.*
> *1825: große Sturmflut mit 800 Toten und sehr schweren Schäden*
> *1962: Am 17.2. stieg das Wasser so hoch, dass weite Teile Hamburgs überflutet wurden, etwa 300 Tote im Hamburger Raum.*
> *1976: große Flut mit dem höchs-ten Pegel, der je gemessen wurde, 6,45 m über NN*
> *1981: schwere Sturmflut. Der Pegelstand lag über dem von 1962, aber die Schäden waren geringer, vor allem die Opferzahlen.*
> *1990: Allein im Februar zogen fünf Stürme übers Land.*
> *1994: Große Flut, der Pegel überstieg die 6-Meter-Marke.*
> *1999: Zwei große Fluten, einmal im Februar, dann wieder im Herbst, setzten der Küste zu. Der Pegel blieb knapp unter 6 m.*
> *2006: Schwere Sturmflut im November (Allerheiligenflut)*
> *2007: Im November fegte Orkan „Tilo" über die Nordsee.*
> *2013: Orkan Xaver tobt Anfang De-zember über der Nordsee, es kommt zu großen Landverlusten auf Sylt und den Ostfriesischen Inseln.*

EXTRATIPP

Aussichtsdünen

Es gibt mehrere Aussichtsdünen, von denen man einen tollen Rundblick genießt:

> Im Ort befinden sich die **Marienhöhe** ❻ und die **Georgshöhe** ❿. Beide Aussichtspunkte sind problemlos am Strand zu finden, auf der Marienhöhe befindet sich heute ein Lokal.

> Auf der Wanderung zum Wrack (s. S. 61) trifft man auf die **Möwendüne.** Sie misst etwa 13 m und wird nach einer Wanderung von zwei Kilometern erreicht, allerdings auf sumpfigem Untergrund.

> Die Aussichtsdüne **Dünensender** [D–E2] bei der Jugendherberge (s. S. 128) liegt fast schon ein wenig versteckt im Dünengürtel, nur ein kombinierter Fahrrad- und Wanderweg führt daran vorbei. Entsprechend wenig ist hier meist los. Von oben hat man einen echten Traumblick über die Insel!

> Die Aussichtsdüne auf dem **Planetenweg** ㉒ ist nicht sonderlich hoch. Sie wird bei einem Spaziergang oder auf einer Radtour entlang des Alten Postwegs, wie der Weg offiziell noch immer heißt, rasch erreicht.

> Die Aussichtsdüne gegenüber der **Meierei** (s. S. 86) liegt an der Straße, die in den Inselosten führt. Sie ist nicht sonderlich hoch, bietet aber auch einen feinen Rundblick.

> Die **Walter-Großmann-Düne** auf dem Zuckerpfad zur Weißen Düne bzw. auf dem Rückweg von der Wanderung Nr. 2 (s. S. 63) ist mit 24,4 m die höchste natürliche Erhebung von Norderney und ganz Ostfriesland.

☑ *Norderney hat breite Dünengürtel*

059no Abb.: mux

chen. Es bilden sich langsam Sandbänke auf Bodensockeln, die schließlich nicht mehr vom Wasser überspült werden. In Sandsenken sammelt sich Regenwasser, was schließlich zur Ausbildung von ersten Pflanzen führt. Der ständige Westwind schichtet dann langsam den Sand zu Dünen auf und lässt diese gleichzeitig langsam von West nach Ost wandern. Schließlich siedelt sich der Strandhafer an. In den Boden wachsen meterlange Wurzeln, die die Pflanze tief und fest auf der Düne verankern. Diese verhindern, dass der Sand weiterwandern kann. Nachdem sich der

Strandhafer festsetzen konnte, entstehen allmählich Weißdünen. Der Wind trägt immer mehr Sand auf der meerzugewandten Seite heran, sodass die Dünen hier wachsen. Zur Landseite hin wird teilweise Sand abgetragen, außerdem fehlt dem Strandhafer hier der Zugang zu Nährstoffen. Im Windschatten der Dünen wäscht das Regenwasser den Kalk über die Jahre aus und durch abgestorbene Pflanzen entsteht Humus, der die obere Sandschicht dunkel färbt, sodass allmählich die Graudüne entsteht. Dort siedeln sich neue Pflanzen an, beispielsweise Gräser oder Kräuter. Dieser Prozess setzt sich im Laufe der Zeit fort. Je mehr Humus sich bildet, desto stärker verändert sich die Farbe der Düne. Sie wird allmählich immer dunkler. Es verändert sich auch der **Pflanzenbewuchs**, es siedeln sich Beeren, kleine Sträucher und Heidekraut oder Birken an. In den Dünentälern sammelt sich teilweise Waser, das wieder spezielle Pflanzen und sogar Kröten anzieht, hier wächst z. B. die Glockenheide, die im Sommer rosafarben aufblüht, auch der orangefarbene Sanddorn gedeiht hier.

In der **Inselmitte Norderneys** liegen große, mit Graudünen bedeckte Flächen. Im letzten Drittel der Insel fehlen Deiche, sodass sich hier die Dünenverschiebungen deutlich bemerkbar machen. Durch den Wind werden die Dünen beständig ostwärts getrieben. Bereits im 18. Jh. wurde versucht, die **Wanderung der Dünen zu verhindern.** Dies geschieht noch heute durch Bepflanzung mit Strandhafer und durch sogenannte Fangzäune. Die Sandfangzäune bestehen aus Reisigbündeln und werden am Strand unmittelbar vor die Dünen gesetzt, sie stehen dort wie ein Gartenzaun.

Wald

Ursprünglich existierten auf Norderney keine entwickelten Waldgebiete. Zwar konnte sich Buschwerk ansiedeln, dieses hatte aber kaum ein Chance, hoch zu wachsen, da es häufig als Brennholz genutzt wurde. Auf natürlichem Weg gelangten keine Baumsamen vom Festland auf die Insel. An einigen Stellen wurden **künstlich Bäume gepflanzt**, beispielsweise im **Kurpark** in der Stadt, im Argonner Wäldchen beim **Fischerhaus-Museum** ⑰ oder rund um die **Napoleonschanze** ⑯. Noch weiter östlich erstreckt sich das Ruppertsburger (Kiefern-)Wäldchen und beim Flugplatz ein kleiner Erlenwald. Insgesamt gibt es auf Norderney etwa 50 ha Waldfläche.

Salzwiesen

Salzwiesen liegen im **Übergangsbereich zwischen Meer und Land** an der Wattseite. Sie werden zumindest sporadisch vom Meer und damit vom Salzwasser überflutet. Hier können nur Pflanzen gedeihen, die sich sowohl an den festen Boden als auch an das Meersalz angepasst haben, was vor allem dem spezialisierten **Queller** ausgezeichnet gelingt. Die meisten Pflanzen würden das Salz nicht vertragen und eingehen. Salzwiesen entstehen vor allem am Ufer des Wattenmeers, wenn sich allmählich eine Schlickschicht bildet, die nach und nach fester und damit auch immer seltener überflutet wird. Zunächst siedelt sich zumeist der Queller an, den mancher Koch mittlerweile als salzhaltige Beilage zu seinen Gerichten entdeckt hat. Nur dort, wo die Flächen nicht mehr regelmäßig überflutet werden, bildet sich eine eigen-

090no Abb.: hj

ständige Vegetation aus Salzpflanzen auf dem besonders fruchtbaren Boden. Neben Queller wachsen hier vor allem Andelgras, Rotschwingel und Strandflieder – Pflanzen, die den hohen Salzgehalt ertragen. Im Frühjahr blühen die Strandgrasnelken zartrosa, im Spätsommer der Strandflieder in Lilatönen. Queller zeigt sich im Herbst bräunlich.

Speziell hier brüten in den Sommermonaten, wenn die Pflanzen blühen und ihnen somit eine besonders gute Tarnung bieten, auch **viele Vögel**. Auf Norderney finden sich Salzwiesen auf der Südseite der Insel. Direkt am Hafen ist ein Salzwiesen-Erlebnispfad eingerichtet (s. u.), mehrere Infotafeln erklären den Lebensraum Salzwiese.

Salzwiesen-Lehrpfad

An der Wattseite Norderneys gibt es auch Salzwiesen im Übergangsbereich zwischen Meer und Land. Ein kleiner Lehrpfad zum Thema Salzwiesen ist vor der Surferbucht zwischen Hafen und Südstrandpolder zu finden, wo sechs Infotafeln Wissenswertes vermitteln.

Deiche

Deiche sind wichtig an der Küste, das steht außer Frage. „Wer nicht will deichen, der muss weichen", hieß es früher, und das war bitterernst gemeint. Wer seiner **Deichpflicht** nicht nachkam, wurde enteignet. Wie schon in Theodor Storms **Schimmelreiter** sehr eindringlich beschrieben, wacht auch heute der **Deichgraf** über die Deiche. Er kontrolliert sie regelmäßig und repariert kleine Löcher sofort. Heute übernimmt zwar der Staat einen Großteil des Küstenschutzes, trotzdem werden Anrainer immer noch in die Pflicht genommen. Sie zahlen heute Mitgliedsbeiträge an den Deich- und Sielverband, der die Deiche instand hält.

Seit etwa dem 11. Jh. wird Deichbau betrieben, zuerst noch einfach, später äußerst komplex. Heute fallen Deiche zur Wasserseite sehr flach ab, das war noch zu Zeiten von Storms Romanfigur Hauke Haien ganz anders. Damals waren es einfache Wände aus Holzbohlen, die auf der Rückseite mit Klei geschützt waren.

⌂ Typischer Salzwiesenbewuchs

Deichbau war knüppelharte Handarbeit, schwerer Kleiboden musste transportiert und an der Holzwand festgestampft werden. Heute verrichten diese Arbeiten Bagger. Sie legen zunächst einen Sandkern an. Darauf wird eine dicke Schicht Kleiboden gelegt, die an der Außenböschung sacht zum Wasser abfällt. Es folgt eine Rasendecke, die später von Schafen kurzgefressen und gleichzeitig festgetrampelt wird. Wenn „normale" Hochwasser auftreten, rollen die Wellen an der langen Böschung ab, die früheren Deiche wurden oftmals von starken Wogen zerschlagen. **Deichbrüche** treten heute vor allem auf, wenn die Flut über die Deichkrone schwappt. Dann wird der Deich aufgeweicht und irgendwann bricht er.

Auf Norderney gibt es neben dem Deich am Hauptstrand, der mittlerweile ein befestigtes Deckwerk von 6 km Länge und insgesamt 32 Buhnen ist, zwei weitere Deiche an der Südseite der Insel. Der **Südstrandpolderdeich** schützt das Naturschutzgebiet Südstrandpolder und weiter östlich schützt der **Grohdepolderdeich** den Flugplatz und den Grohdepolder. Das äußerste östliche Inseldrittel hat keinen Deich.

Wattenmeer

Watt ist der Meeresboden entlang der Nordseeküste, der zweimal in 24 Stunden trockenfällt und ebenso regelmäßig für knapp sechs Stunden zweimal von Wasser bedeckt ist. Das Wattenmeer erstreckt sich über eine ungefähre Länge von 500 km, zieht sich vom **niederländischen Den Helder** bis hoch zur **dänischen Stadt Esbjerg** und erreicht in seiner Breite auch die vorgelagerten Inseln. Es gilt als das größte zusammenhängende Wattgebiet weltweit.

Das Watt entstand nach dem Abschmelzen der Gletscher und des meterdicken Eises **nach der letzten Eiszeit**. Das Wasser stieg dadurch deutlich an, die Küstenlinie bildete sich als sehr flaches Ufer heraus und der Tidenhub durch Ebbe und Flut überspülte das Land regelmäßig. Sand und Schlick wurden herangespült und lagerten sich dauerhaft auf dem Boden ab. Hier bildeten sich im Lauf der Zeit **einzigartige Lebensformen** heraus, die ausgezeichnet mit diesen sehr speziellen Bedingungen klarkommen. Regelrechte Spezialisten für das Überleben teils im Wasser, teils im Trockenen entwickelten sich und damit auch sehr komplexe Lebensstrategien. Wattführer wissen sehr lebhaft darüber zu berichten, weswegen jedem Urlauber angeraten sei, einmal an einer **Wattführung** (s. S. 73) teilzunehmen.

Der Tidenhub wird vor allem durch **Priele** kanalisiert, was zugleich auch eine Gefahr für unkundige Wattwanderer darstellt. Was bei Ebbe ein Priel

◁ *Die Vielfalt der Muscheln in der Nordsee ist beeindruckend* mit vielleicht knietiefem Wasserstand ist, wandelt sich bei auflaufendem Wasser in einen mannshohen Wasserlauf mit starker Strömung. Genau diese unterschätzte Gefahr hat schon vielfach für kritische Situationen gesorgt, deshalb sollte niemand alleine ins Watt gehen, sondern nur mit einem erfahrenen Wattführer, der die Wege kennt.

Das Watt hat unterschiedliche Gesichter. Relativ küstennah findet man eher **Schlickwatt,** weiter draußen dann **Misch- und Sandwatt.** Schlickwatt ist wasserhaltig, man kann hier nicht so gut gehen und sinkt oft ein. Mischwatt ist feucht, man ist jedoch standfester und findet häufig die so markanten Häufchen der Wattführer. Sandwatt ist sandiger, trockener Boden, der von der typischen gerippten Struktur durchzogen wird.

Das Wattenmeer erscheint auf den ersten, oberflächlichen Blick vielleicht wie eine graue Schlickwüste, ein Nichts aus Wasserresten, Schlamm und Muscheln. Dies trifft aber nicht zu, denn das Watt ist **Lebensraum für ungefähr 10.000 Tiere und Pflanzen.** Der blauschwarze Boden wird durch Ebbe und Flut ständig mit Mikroorganismen angereichert, von denen sich Wattwürmer, Muscheln und Krebse ernähren. Das wiederum lockt Wattvögel an, die Beute pickend herumstolzieren. In einem Quadratmeter Watt können bis zu 50 Wattwürmer, 2000 Herzmuscheln oder gar 100.000 Wattschnecken leben – fast unvorstellbar! In Anlehnung an den gerne bei Safaris durch die afrikanische Tierwelt entwi-ckelten Begriff der „Big Five", die man dort möglichst gesehen haben sollte (Elefant, Löwe, Nashorn, Büffel, Leopard), spricht man im Wattenmeer von den **Small Five** und meint: Wattwurm, Herzmuschel, Strandkrabbe, Wattschnecke und Nordseegarnele. Auffällig sind die vielen kleinen Häufchen im Wattboden. Es handelt sich um Kothäufchen, die sich dort befinden, wo ein Wattwurm (Pierwurm) einen Gang gegraben hat.

Ebenfalls unterirdisch leben Sandklaffmuschel, Plattmuschel, Schlickkrebs und Pfeffermuschel. Auffällig ist auch der Bäumchenröhrenwurm, dessen kunstvoll zusammengeklebte Röhre ein Stückchen aus dem Boden schaut. Durch sie wird Wasser angesaugt, es werden Nahrungspartikel aufgenommen und dann wieder ausgestoßen. Andere Tiere, hauptsächlich Schnecken, Krebse und einige Muschelarten, leben oberirdisch, sie entwickelten einen harten Panzer gegen das Austrocknen und als Schutz gegen Vögel.

Miesmuscheln leben knapp unter der Oberfläche des Bodens. Sie filtern durch ein Röhrchen Plankton aus dem Wasser, durch ein zweites Röhrchen wird das Wasser wieder

09Luno Abb.: h]

> *Die Hinterlassenschaften der Wattwürmer*

O6Ono Abb.: mux

ausgestoßen. Wattführer zeigen gern einen Trick, den sie den Möwen abgeschaut haben: Die Vögel trampeln auf dem weichen Wattboden herum, dadurch kommen die Muscheln an die Oberfläche und sind eine sichere Beute.

Die **Sandklaffmuschel** lebt im Wattboden in einer Tiefe von 15 bis 25 cm. Auch sie filtert durch ein Röhrchen Wasser in ihren Körper und durch ein zweites Röhrchen wieder hinaus. Ähnlich leben die **Pfeffermuschel** und die **Plattmuschel**, beide in etwa 7 bis 12 cm Tiefe.

Viele **Vögel** ernähren sich aus dem Wattboden. Tausende von **Zugvögeln** kommen im Frühjahr und Herbst und futtern sich auf Norderney ihre Reserven für den Flug in den Süden oder weiter in den Norden an. Unter den **Dauergästen** zählt der **Austernfischer** zu den bekannteren. Er ist recht auffällig und an seinem roten, etwas gebogenen Schnabel erkennbar. Die Kornweihe, ein etwa 50 cm

großer Greifvogel, kommt relativ häufig auf Norderney vor und ist eine Art Symboltier der Ostfriesischen Inseln geworden, da sie fast nur noch hier vorkommt. Auf der Dachterrasse vom Nationalparkhaus ⑳ am Hafen steht ein Kornweihen-Gerüst zum Klettern für Kinder.

Die **Möwe** gehört zur Nordsee wie kein anderer Vogel. Elegant segeln die Tiere heran, hocken sich ungeniert auf Strandkörbe und Buhnen und sind alles andere als scheu. Leider hat das ständige **Anfüttern durch Menschen** auch dazu geführt, dass sie ziemlich dreist Waffeln, Eis oder sonstige Nahrung aus den Händen der Menschen reißen. Deshalb ergehen auch jedes Jahr eindringliche Appelle, die **Möwen nicht zu füttern.**

Vor allem die **Silbermöwe** kann eine erstaunliche Spannweite erreichen: immerhin bis zu 1,40 m. Sie ist am häufigsten an der Küste anzutreffen. Auch die Lachmöwe mit ihrem im Sommer dunkelbraunen Kopf begleitet ihre heiseren Schreie ausstoßend häufig die Schiffe.

An der Küste ist zudem auch die **Küstenseeschwalbe** beheimatet,

⌂ *Auftritt der Austernfischer*

sie hat als markantes Merkmal einen roten Schnabel. Farbenfroh zeigen sich die **Brandgänse** mit einem grünen Kopf mit rotem Schnabel und schwarz-weißem Gefieder. Den **Sandregenpfeifer** erkennt man gut an einem schwarzen, geschlossenen Band am Hals. Der **Säbelschnäbler** hat ein schwarzweißes Gefieder und blaugraue Füße sowie einen längeren, nach oben gebogenen Schnabel. Der **Große Brachvogel** gilt als größter Vogel des Wattenmeeres. Er hat einen langen, nach unten gebogenen Schnabel.

Der wohl berühmteste Bewohner des Wattenmeeres ist der **Seehund**. Seehunde ziehen sich zum Gebären und Säugen auf Sandbänke zurück. Die Tiere auf den **Sandbänken** wollen und sollen ihre Ruhe haben, sie sind schon genügend Stressfaktoren ausgesetzt. Seehunde werden zumeist

im Juni oder Juli geboren und wiegen dann 7 bis 10 kg. Wenn wenig später die Flut ihren Geburtsort wieder überspült, müssen sie sofort ihre ersten Schwimmversuche starten. Die Jungtiere wachsen schnell, schon nach wenigen Wochen hat sich ihr Gewicht teilweise verdreifacht. An der Ostspitze beim Wrack kann man Seehunde aus respektvoller Distanz beobachten. Seehunde werden im Schnitt 12 Jahre alt und bis zu 1,80 m groß. Sie wiegen bis zu 120 kg, halten sich küstennah auf und fliehen bei Störungen ins Wasser.

Männliche **Kegelrobben** können stolze 2,20 m groß werden und bringen ein Gewicht von bis zu 330 kg auf die Waage, Weibchen etwa die Hälfte. Damit gehören sie zu den größeren Tieren der Nordsee. Der Name leitet sich von den kegelförmigen Zähnen ab. Die Jungen kommen auf Sand-

Heuler

Junge Seehunde werden manchmal vom Muttertier getrennt. Strandwanderer finden dann manchmal kläglich schreiende Tiere, „Heuler" genannt. Sie wirken hilflos heulend, aber dies ist Bestandteil des Abnabelungsprozesses. Die kleinen, niedlichen Tiere rühren das Herz, doch sie sollten **niemals angefasst werden,** sonst nimmt die Mutter sie unter Umständen nicht mehr an. Sie schwimmt meist ganz in der Nähe, traut sich bei den Menschenmassen aber nicht an ihr Junges. Also: Abstand halten (mindestens 300 m) und im Zweifel Polizei, Kurverwaltung oder die Seehundstation unter Tel. 04931 8919 informieren.

☑ *Neugierige Seehunde auf einer Sandbank*

065no Abb.: mux

bänken zur Welt, erstaunlicherweise im kalten Winter. Die Jungtiere wiegen etwa 10 bis 12 kg.

Gelegentlich sieht man als Spaziergänger Jungtiere auf einer Sandbank liegen, die teilweise herzergreifend schreien. Diese Tiere werden **Heuler** genannt und man möchte ihnen am liebsten gleich zu Hilfe eilen. Aber genau das ist grundfalsch, jedenfalls meistens. Das Muttertier ist entweder in der Nähe und traut sich in der Gegenwart von Menschen nicht zum Jungtier. Oder sie ist auf Jagd, hat das Kleine nur auf der Sandbank abgelegt und holt es bei der nächsten Flut wieder ab. Man sollte **das Tier niemals anfassen** – die Mutter würde es nicht mehr annehmen wegen des fremden Geruchs –, lieber Abstand halten und aus der Ferne beobachten. Gelegentlich stößt man als Spaziergänger auf ein Schild mit der Inschrift „Achtung! Rastende Robbe". Damit wird noch einmal gebeten, mindestens 200 m Abstand zu halten und es wird vor allem darauf hingewiesen, dass die Robbe den zuständigen Stellen bereits bekannt ist, man muss also nicht erneut anrufen.

Nationalpark Niedersächsisches Wattenmeer

Der Nationalpark Niedersächsisches Wattenmeer wurde 1986 ausgewiesen und ergänzt sich mit den Nationalparks Wattenmeer von Hamburg und Schleswig-Holstein zu einem **großflächigen Schutzgebiet.** Der niedersächsische Teil hat nach mehreren Erweiterungen nun eine Fläche von 345.000 ha und verläuft von Cuxhaven (Anschlusszone Hamburg) bis zur Mündung der Ems, knapp westlich von Borkum. Das niedersächsische Gebiet ist der zweitgrößte Nationalpark Deutschlands, nur der Nationalpark Wattenmeer von Schleswig-Holstein ist mit 441.500 ha noch etwas größer. Im Jahr 1993 wurde der Nationalpark als Biosphärenreservat von der UNESCO anerkannt. 2009 wurde das Wattenmeer zum **UNESCO-Weltnaturerbe** erklärt. Es umfasst die drei deutschen Nationalparks, den geschützten niederländischen Teil des Wattenmeeres und seit 2014 auch den dänischen Nationalpark Vadehavet, was insgesamt einer Fläche von 11.500 km^2 entspricht. Zum Gebiet zählen das Watt, Teile des Meeres, die Salzwiesen und Strände und auch Teile der Inseln.

Norderney ist Teil des Nationalparks. Das Gebiet der Insel ist in drei **Schutzzonen** unterteilt. Die höchste Schutzzone ist die **Ruhezone** (Schutzzone I), sie bedeckt 60,7 % der Inselfläche. Diese Zone darf nur auf markierten Wegen, teilweise gar nicht, betreten werden. Dazu zählt vor allem der Ostteil der Insel mit Wrack **㉔**, beginnend etwa ab FKK-Strand und Oase [F1] bzw. östlich vom Flugplatz und Grohdepoller [F2].

Die Schutzzone II (38,7 % Flächenanteil) ist die **Zwischenzone,** hier ist das Betreten grundsätzlich erlaubt, aber nicht während der Brutzeit (1.4.–31.7.). Dazu zählen die stadtnahen Dünenzonen bis Oase und der Grohdepolder.

Die Schutzzone III (0,6 % Fläche) ist die **Erholungszone,** sie darf betreten werden, da sie zur Erholung dient, aber motorbetriebene Geräte sind hier verboten. Dazu zählen das Gebiet beim Flugplatz, die Strände beim Ostbad und die Surfbucht zwischen Hafen Südstrandpolder.

Die Stadt Norderney zählt nicht zum Gebiet des Nationalparks.

Fakten zum Nationalpark Niedersächsisches Wattenmeer

> *Der Nationalpark umfasst 54,5 % Wasserfläche, 40 % Watt und 5,5 % Inseln und Festland.*
> *Der gesamte Anteil der Ruhezone (Schutzzone I) umfasst 68 %, die Zwischenzone 31 %, die Erholungszone 0,49 %.*
> *Der Nationalpark verläuft über eine Länge von 260 km entlang der niedersächsischen Küste.*
> *Hunde müssen innerhalb des Nationalparks immer angeleint sein.*
> *Wege durch den Nationalpark sind farblich gekennzeichnet: rot für Reitwege, grün für Wanderwege.*
> *Für Kitesurfer gibt es in der Zwischenzone Flächen auf dem Wasser, sie sind mit Bojen gekennzeichnet.*
> *Drohnen sind grundsätzlich verboten.*

Von den Anfängen bis zur Gegenwart

Die nachweisbare Geschichte der Insel Norderney reicht nur etwas mehr als 600 Jahre zurück. Aber auch in den folgenden Jahren blieb die kleine Fischerinsel in den großen geschichtlichen Ereignissen meist außen vor. Doch dann tat sich im Jahr 1797 etwas Einschneidendes, das die Insel in den folgenden Jahrzehnten nachhaltig verändern und bis heute beeinflussen sollte: Ein Seebad wurde gegründet und damit dem Tourismus ein neues Ziel eröffnet.

1362: Wahrscheinlich zerschlägt die Marcellusflut die damalige Insel Buige in zwei Teile. Die neue östliche Insel wird Oosterende genannt und wächst in den Folgejahren durch Sandanspülungen beständig. Die zweite, neu entstandene Insel versinkt später in den Fluten.

1398: Erste urkundliche Erwähnung der Ostfriesischen Inseln in einem Lehnsvertrag zwischen Herzog Albrecht von Bayern, der auch Graf von Friesland war, und den ostfriesischen Häuptlingen Widzel tom Brok und Folkmar Allena. Norderney findet hier als Ny Norder Oghe Erwähnung.

1550: Erwähnung der Insel Norderney-Oog im Rechnungsbuch der Gräfin Anna von Oldenburg. Einwohnerzahl: etwa 80.

1605: Auf Norderney wird vom Landesherren ein Vogt eingesetzt.

1650: Es werden 18 Häuser, 101 Menschen und eine Kirche gezählt.

1700: In 49 Häusern leben 267 Menschen.

1704: Die erste Schule wird eingerichtet.

1709: Eine Zählung ergibt 54 Häuser und 304 Menschen, die vom Fischfang und von Strandfunden leben.

1717: Die Weihnachtsflut beschädigt 20 Häuser.

1718: Die Insel zählt 324 Einwohner.

1759: Die Rote Ruhr wütet auf der Insel und fordert zahlreiche Opfer.

1797: Auf Empfehlung des Medizinalrats Dr. Friedrich Wilhelm von Halem (1762–1835) wird beschlossen, auf Norderney ein öffentliches Seebad zu gründen.

1800: Offizielle Eröffnung der Seebadeanstalt Norderney, dazu wird ein Warmbadehaus gebaut. Im ersten Jahr kommen 250 Gäste, die überwiegend in einfachen Fischerhütten wohnen. Die Insel zählt 573 Bewohner.

1804: Etwa 500 Kurgäste besuchen die Insel.

Ein früher Kulturschock

Lange Zeit war Norderney nicht viel mehr als eine von Fischern besiedelte Insel. Dann wurde 1797 ein „Seebad" gegründet, die ersten Gäste kamen und alles änderte sich – vor allem, weil im 19. Jh. immer mehr Adelige, Politiker, hohe Militärs, Wissenschaftler, Literaten und Künstler auf die Sandinsel kamen. Das Gästeverzeichnis jener Zeit liest sich wie ein Querschnitt durch die damalige Welt der Prominenten. Die Norderneyer Bade-Zeitung veröffentlichte die „Amtliche Liste der angekommenen Badegäste und Fremden, alphabetisch geordnet". Neben dem an anderer Stelle schon erwähnten Heinrich Heine kamen auch die Literaten Theodor Fontane und Franz Kafka. Es kamen der Bildhauer Ernst Barlach, der Forscher Wilhelm von Humboldt, der eiserne Kanzler Otto von Bismarck und viele Mitglieder von Adelshäusern. Gerade unter den Blaublütigen war Norderney einige Zeit sehr beliebt, selbst der Erzherzog von Österreich fand den weiten Weg nach Ostfriesland, wie auch Adalbert von Preußen, der Sohn von Kaiser Wilhelm II. Und selbst dieser kam, allerdings noch bevor er zum Kaiser gekrönt wurde. Allen voran aber verlegte Georg V., König von Hannover, zwischen 1836 und 1865 seinen Sommersitz nach Norderney. Und sicherlich hat dies auch so manchen Adeligen „motiviert", ebenfalls den Sommer auf der Insel zu verbringen.

Aus heutiger Sicht kann man nur staunen, wie viele Fürsten, Grafen, Prinzessinnen es auf die abgelegene Insel verschlug. Es muss für die einheimischen Fischer schon ein gehöriger Kul-

067no

turschock gewesen sein, diese illustren Gäste zu erleben. Schon Heinrich Heine fiel dies auf, er notierte: „Auch die armen Insulaner stehen an der Grenze einer solchen neuen Zeit, und ihre alte Sinneseinheit und Einfalt wird gestört durch das Gedeihen des hiesigen Seebades, indem sie dessen Gästen täglich etwas Neues ablauschen, was sie nicht mit ihrer altherkömmlichen Lebensweise zu vereinen wissen." Aber nicht alle sahen nur staunend zu, mancher Fischer verdingte sich rasch als Herbergsvater oder Badehelfer und ganz Pfiffige entwickelten noch größere Ideen und erbauten herrschaftliche Häuser, die vermietet wurden. Und so war es wohl auch auf Norderney wie überall auf der Welt, wenn Neuerungen über ein gewachsenes Gemeinwesen kommen: Einige schimpfen, andere sehen eine Chance.

Heute dürften die meisten Insulaner die alljährliche touristische Invasion ganz pragmatisch sehen, aber im frühen 19. Jh. wurden sie mit einem völlig fremden Lebensstil konfrontiert, der sicher viele auch überforderte. Noch einmal Heinrich Heine: „Stehen sie (die Insulaner) des Abends vor den erleuchteten Fenstern des Konversationshauses und betrachten dort die Verhandlungen der Herren und Damen, die verständlichen Blicke, die begehrlichen Grimassen, das lüsterne Tanzen, das vergnügte Schmausen,

das habsüchtige Spielen usw., so bleibt das für diese Menschen nicht ohne schlimme Folgen, die von dem Geldgewinn, der ihnen durch die Badeanstalt zufließt, nimmermehr aufgewogen werden". Nun, ganz so ist es nicht gekommen, die Insulaner gewöhnten sich an die Fremden, passten sich an und machen ihren Schnitt. Das gilt sicher noch heute, nur mit dem Unterschied, dass der Adel nicht mehr die Urlaubszeit so deutlich prägt wie einst, falls er denn überhaupt noch kommt. Und die Insulaner werden mittlerweile umgekehrt von vielen Gästen stark beneidet, weil sie dauerhaft auf dieser schönen Insel leben können und nicht nach ein paar Wochen wieder abreisen müssen. So hat sich die Geschichte gedreht ...

⌃ Badegäste im Sonntagsstaat

◁ Frühere Strandmode
und Strandkörbe

1806: Norderney wird Teil des Königreichs Holland.

1810: Norderney gerät unter französische Herrschaft. Etwa 300 französische Soldaten werden auf der Insel stationiert, die Napoleonschanze entsteht.

1813: Für zwei Jahre wird Norderney preußisch.

1814: Es kommen 618 Kurgäste, die Insel zählt 610 Einwohner.

1815: Ganz Ostfriesland wird in das Königreich Hannover integriert.

1819: Norderney erhält den Titel Königlich Hannoversches Staatsbad.

1822: Neubau des Kurhauses, es leben jetzt 650 Menschen auf der Insel.

1825: Regelmäßige Schiffsverbindungen im Sommer nach Hamburg.

1835: Die Zahl der Gäste liegt pro Sommer noch unter 1000.

1836: Die nächsten 30 Jahre wählt Kronprinz Georg, der ab 1851 König von Hannover ist, regelmäßig Norderney als Sommerresidenz. Dadurch werden weitere Adelige, Künstler und Fabrikanten auf die Insel gelockt.

1862: Es gibt ein erstes Rettungsboot auf Norderney.

1863: Bau der ersten und einzigen Windmühle aller Ostfriesischen Inseln

1865: 1200 Bewohner und rund 2600 Badegäste

1866: Hannovers Herrschaft endet, nun regieren die Preußen auch in Ostfriesland. Norderney trägt den Titel Königlich-Preußische Seebadeanstalt. In diesem Jahr kommen 3000 Kurgäste.

1898: Das Kaiser-Wilhelm-Denkmal wird aus Steinen errichtet, die aus 75 deutschen Städten stammen.

Anfang 20. Jh.: Auf der Insel leben 4000 Menschen, regelmäßig kommen bis zu 40.000 Gäste. Mehrere Häuser im Stil der Bäderarchitektur entstehen.

1914: Norderney zählt etwa 4200 Einwohner, die Zahl der Gäste steigt auf 40.000.

1914–1918: Während des Ersten Weltkriegs wird Norderney zur Seefestung ausgebaut.

1915: Die Marine baut eine Inselbahn, um schweres Material vom Hafen zu verschiedenen Batterien in den Dünen transportieren zu können. Die Bahn existiert heute nicht mehr, erhalten ist nur der Bahnhof Stelldichein.

1920: Bau des europaweit ersten überdachten Meerwasserwellenbades

1938: Die Insel wird von 48.000 Gästen besucht.

1945: Nach dem Ende des Zweiten Weltkriegs richtet die britische Besatzungsmacht ein Erholungszentrum ein.

1948: Die Zahl der Bewohner steigt auf 8127, viele Flüchtlinge kommen. Im selben Jahr erhält Norderney Stadtrechte.

1949: Norderney wird Nordseeheilbad.

1959: Die Zahl der Gäste übersteigt 100.000.

1990–2001: Die Zahl der Gäste steigt auf 321.000.

2005: Einweihung des bade:haus Norderney

2009: Ernennung des Niedersächsischen Wattenmeeres zum UNESCO-Weltnaturerbe

2011: 460.000 Gäste, Ernennung einer Kinderkurdirektorin

2013: Mehrere neue gastronomische Einrichtungen und Hotels eröffnen.

2015: Das Besucherzentrum Nationalpark Wattenmeer wird nach längerer Umbauphase wieder eröffnet und zeigt nun eine moderne, interaktive Ausstellung.

2017: Seit Oktober reisen Norderney-Besucher über den umgebauten und sehr modern gestalteten Fährterminal an. Das futuristisch gestaltete Gebäude erinnert in seiner Dachkonstruktion an eine Sanddüne.

2019: Norderney zählt 567.000 Gäste (2018) und stellt sich dem dringender werdenden Problem Übertourismus im Dialog mit seinen Bürgern.

PRAKTISCHE REISETIPPS

An- und Rückreise

Flugzeug

Die Insel hat zwar schon seit 100 Jahren einen Flugplatz, aber es gibt derzeit keinen fahrplanmäßigen Betrieb. Von Norddeich werden durch die Fln Frisia-Luftverkehr GmbH nur Bedarfsflüge angeboten, die individuell vereinbart werden müssen.

> Infos: Tel. 04931 93320,
> www.inselflieger.de

Der Flugplatz auf dem Festland liegt am Westerlooger Strohweg 5 in Norden. Dort sind Parkplätze für 5 € pro Tag zu mieten. Preise für den Flug liegen bei einfach 46,50 € oder hin und zurück 84 € für eine erwachsene Person. Kinder bis 11 Jahre in Begleitung 26 € bzw. 47 €.

Auto

Wer per Auto anreist, sollte wissen, dass **in der Hauptsaison** der **Autoverkehr** auf der Insel **stark reglementiert** ist (s. S. 116). Nach Norddeich geht es über die A31 bis Emden, von dort weiter über die B210 nach Georgsheil und von dort über die B72 nach Norden. Auf den letzten Kilometern führt eine Umgehungsstraße um Norden herum zum Hafen in Norddeich (s. S. 116). Man fährt direkt auf die Servicestation zu und kauft dort das Fährticket. Eine Reservierung für die **Überfahrt** nach Norderney ist nicht möglich, deswegen kann es zu Wartezeiten kommen. Auf Norderney angekommen, haben Gäste die Möglichkeit, mit ihrem Auto zum Ferien-

◁ *Vorseite: Bereit für einen neuen Sonnentag*

quartier zu fahren und die Sachen auszuladen. (Bitte eine Parkscheibe benutzen.) Man erhält dazu auf der Fähre eine Ausnahmegenehmigung, mit der man bis zu einer Stunde nach der Ankunft durch die Stadt zu seinem Quartier fahren kann. Da in der Saison weite Teile des Stadtgebietes aber für Autos gesperrt sind, muss der Wagen danach das Stadtgebiet wieder verlassen und kann auf einem der **Großparkplätze** (s. S. 117) abgestellt werden.

Für die Rückreise benötigt man zwingend eine **Platzreservierung für das Auto.** Das kann man online machen oder auch schon vor Anreise in Norddeich, zur Not auch noch vor der Rückreise auf Norderney.

Mit dem Ticket und der bei Anreise erhaltenen Ausnahmegenehmigung kann man nun wieder eine Stunde vor Abfahrt der Fähre in die Stadt zu seinem Quartier fahren, die Koffer einladen und zum Hafen fahren.

Man kann aber auch sein Auto auf einem **Parkplatz in Norddeich** stehenlassen und gar nicht erst mit dem Wagen auf die Insel fahren. Dazu stehen drei Frisia-Parkplätze bzw. Frisia-Garagen (P3) zur Verfügung, die vom Fährterminal gut zu Fuß erreichbar sind, außerdem pendelt ein Shuttlebus (1 €).

> Die Parkplätze P1 und P2 liegen an der Zufahrtsstraße zum Hafen, P3 an der Badestraße 1, Parkgebühren: Parkplatz: 5 € je angefangener Tag.

Bahn

Wer mit der Bahn anreist, steigt noch nicht in „Norddeich", sondern erst am letzten Bahnhof, **„Norddeich-Mole",** aus. Der Zug hält direkt vor dem Fähranleger. Man sieht immer wieder, dass Reisende schwer bepackt

070no Abb.: mux

am Bahnhof „Norddeich" aus dem Zug steigen und dann ganz verblüfft sind, dass es noch etwa 300 m bis zum Fährterminal sind. Also bitte im Zug sitzen bleiben, bis man am letzten Bahnhof angekommen ist. Dort aussteigen und den langen Bahnsteig zum Fähranleger hinuntergehen, der unmittelbar dahinter liegt. **Nicht verwechseln:** Links vom Bahnsteig ist der Fähranleger für die Fähre nach Juist, die Fähre nach Norderney legt für gewöhnlich von der Fährbrücke 2 ab, die halbrechts vom Bahnsteig zu finden ist.

Wer bereits eine durchgehende Fahrkarte bis nach Norderney hat, kann sofort an Bord der Fähre gehen. Nach Ankunft der Fähre auf der Insel zeigt man dem dort kontrollierenden Personal (Hinweisschild: DB) die Fahrkarte vor und erhält dann die **NorderneyCard** (s. S. 118). Wer keine Fahrkarte bis Norderney hat, muss sich im Gebäude Frisia-Terminal, auf das man automatisch vom Bahnsteig kommend zuläuft, ein Ticket für die Fähre kaufen. Dort erhält man die NorderneyCard, die gleichzeitig Fährticket ist und mit der u. a. später die **Kurtaxe** bezahlt wird. Nach Ankunft auf Norderney kann man dann durch

die Sperre gehen, wobei die Ankunft automatisch auf der NorderneyCard gespeichert wird. Reisende mit Kinderwagen oder Rollstuhlfahrer können sich natürlich auch an die Mitarbeiter wenden und die dortigen Durchgänge nutzen. Direkt am Hafen stehen nach Ankunft der Fähre **Busse** bereit, die zu verschiedenen Zielen in der Stadt fahren (s. S. 130).

Bei Abreise muss die Servicegebühr, also der **Kurbeitrag** (s. S. 118) bezahlt sein. Das kann an einem der verschiedenen Automaten geschehen, die im Stadtgebiet stehen, im Conversationshaus ❶ am Schalter oder auch am Schalter am Fährterminal. Vor der Abreise wird überprüft, ob die Gebühr entrichtet wurde, dazu wird die Karte auf ein Lesegerät gehalten. Falls das noch nicht geschehen ist, kann dies auch am Hafen nachgeholt werden. Wer mehrfach im Jahr kommt, kann sich seine Kurkarte auch personalisieren lassen. Damit wird gewährleistet, dass man pro Jahr maximal den Höchstsatz von 103,60 € zahlt.

◸ *Die Landepiste*
des Norderneyer Flugplatzes

Nordsee

OSTFRIESISCHE

NORDERNEY

BALTRUM

JUIST

BORKUM

Memmert

Neßmersiel

Norddeich

Dornum

Norden

Westerholt

70

Leybucht

Marienhafe

Greetsiel

Georgsheil

Groothusen

72

Eemshaven

Pewsum

Aurich

Suurhusen

46

Campen

KRUMM-HÖRN

Emden

Ems

Rysum

31

Delfzijl

Appingedam

Oldersum

41

70

Dollart

Leer

Ems

NIEDER-LANDE

Zuidbroek

Scheemda

Weener

Hoogezand-Sappemeer

Folmhusen

Winschoten

A7

31

Helgoland

INSELN

SPIEKEROOG

WANGER-
OOGE

LANGEOOG

Mellum

Bensersiel

Neu-
harlingersiel

Harlesiel

Schillig

Dornumer-
siel

Carolinensiel

461

Esens

Werdum

Horumersiel

Funnix

Hooksiel

Lang-
warden

Wittmund

Jever

Wilhelms-
haven

210

Schortens

Tossens

Rispel

Sande

Gödens

Eckwarder-
hörne

436

Jadebusen

Wiesmoor

437

Zetel

Dangast

Sehestedt

72

Neuenburg

Bockhorn

Varel

437

Bagband

Jaderberg

Hesel

530

75

29

Westerstede

Jümme

28

Apen

211

72

Barßel

Bad
Zwischenahn

Olden-
burg

438

Strücklingen

72

401

29

©Reise Know-How 2020

Bus

Per Flixbus kann man von verschiedenen deutschen Städten nach **Emden** reisen. Von dort muss man das letzte Wegstück bis Norddeich-Mole mit der Bahn zurücklegen (s. S. 112), die Fernbusse halten direkt am Bahnhof. Konkrete Infos zu Fahrplänen und Tarifen:
> www.flixbus.de

Fähre

Die Fähren zwischen Norddeich und Norderney verkehren unabhängig von der Tide nach einem festen Fahrplan. In der **Hochsaison** im Sommer legt zwischen 6.15 und 19.15 Uhr (ab Norderney) bzw. bis 20.30 Uhr (ab Norddeich) etwa einmal pro Stunde eine Fähre ab. In der **Nebensaison** wird es dann etwas seltener, aber pro Tag sind es schon neun Fahrten aus

beiden Richtungen. Die Überfahrt dauert normalerweise 55 Minuten, nur bei Niedrigwasser kann es länger dauern.
> **Fährhafen Norddeich**, Hafenstraße, Norden-Norddeich
> **Fahrplan und Infos:** www.reederei-frisia. de. Die Fahrkarte ist zugleich die Kurkarte, die NorderneyCard (s. S. 118).
> **Preise Hin- und Rückfahrt:** Erwachsene 21 €, Kinder unter 14 Jahren 10,30 €, Kinder unter 6 Jahren frei, Hunde 9 €, Pkw bis 4 m: 76 €, 4–4,50 m: 86 €, 4,50–5 m 97 €, ab 5 m 99 €

Autofahren

Ein Großteil des Stadtgebiets ist **während der Saison für den Auto- und Motorradverkehr gesperrt.**

Die Sperre gilt für die sogenannte **blaue Zone.** Das Areal darf von Mitte/Ende März bis Ende Oktober

071no Abb.: mux

(von Beginn der Osterferien bis Ende der Herbstferien) und vom 25. Dezember bis 4. Januar nicht befahren werden. Die genauen Termine können etwas schwanken, man findet sie unter www.stadt-norderney. de (Menü: Wirtschaft & Verkehr/Mit dem Auto auf Norderney/Verkehrssperren). Hier kann man auch den Flyer „Mit dem Auto auf Norderney" herunterladen.

Zwischen 20 und 8 Uhr dürfen außerdem folgende Straßen nicht befahren werden: Südhoffstraße, Südstraße, Bürgermeister-Willi-Lührs-Straße, Am Wasserturm und Teile der Jann-Berghaus-Straße sowie die Richthofstraße.

Für die **gelbe Zone** gilt außerdem ein **Nachtfahrverbot für Motorräder** von 20 bis 6 Uhr. Generell gelten auf Norderney ein **Parkverbot** innerhalb der ausgewiesenen Zonen und eine erlaubte **Höchstgeschwindigkeit von 30 km/h.**

Pkws können auf folgenden Parkplätzen abgestellt werden:

- **Kurzzeitparkplatz A** <111> Marienstraße 0,50 € für 30 Minuten
- **Parkplatz B** <112> Marienstraße, 3,50 € für 24 Std. Reservierungen können ausschließlich im Juli und August vorgenommen werden: Norderneyer Parkraumbewirtschaftung, Bülowallee 2, Tel. 04932 991282.
- **Dauerparkplatz C** <113> Hafenstraße/Ecke Mühlenstraße. Etwa von März bis November sowie vom 16. Dezember bis 7. Januar wird eine Gebühr von 4 € je Ausfahrt erhoben.

Wohnmobile dürfen nicht auf den öffentlichen Parkplätzen stehen, da Norderney ein sogenanntes „Endziel" ist. WoMos müssen also immer direkt einen Campingplatz (s. S. 129) ansteuern.

Barrierefreies Reisen

Mobilitätseingeschränkte Gäste müssen nicht auf einen Norderney-Urlaub verzichten. Wer mit seinem eigenen Auto anreist und darauf angewiesen ist, kann eine **Ausnahmegenehmigung zum Befahren des Stadtgebietes** beantragen, sofern im Schwerbehindertenausweis die Kennzeichnung „aG" steht. Infos dazu erhält man im Bürgerbüro des Rathauses (Am Kurplatz 3, Tel. 920213).

Verteilt über die Stadt gibt es etwa ein Dutzend **behindertengerechte Toiletten.** Alle **Buslinien** auf Norderney können von Rollstuhlfahrern genutzt werden, da sie absenkbare Eingänge haben. Mit einem speziellen Ballonrollstuhl, genannt „cadWeazle", kann man auch an den **Nordstrand** fahren. Der Rollstuhl kann unter Tel. 891124 gemietet werden. Die Strände sind barrierefrei erreichbar. Am Nord- und am Weststrand kann man bei der Strandaufsicht einen **Strandrollator** mit extra großen Rädern mieten. Der Zugang zu zwei **Aussichtsdünen** (Walter-Großmann-Düne und Dünensender, s. S. 99) wurde verbessert. Wo früher nur eine steile Treppe war, kann man heute über eine weitgeschwungene Rampe eine Plattform erreichen, sodass sogar Rollstuhlfahrer hochgeschoben werden können.

Im **bade:haus** (s. S. 72) gibt es einen Schwimmbadlift, mit dem Gehbehinderte direkt vom Rollstuhl ins Wasserbecken gesetzt werden können.

> **Weitere Infos:** www.norderney.de (Menü: enjoy/norderney für/barrierefrei)

◁ *Die Fähre bringt neue Urlauber nach Norderney*

Geldfragen

Ist Norderney eine teure Insel? Um es mal so zu sagen: Sylt ist teurer, aber nun mag diese „Insel der Reichen und Schönen" ja kein Maßstab sein, aber wie auf Sylt müssen praktisch alle auf Norderney angebotenen **Waren vom Festland hergebracht** werden. Allein durch diesen zusätzlichen Transport erhöhen sich die Preise zwangsläufig etwas. Das ist gewissermaßen unvermeidbar. Außerdem haben viele Geschäfte auch am **Sonntag geöffnet,** auch dies muss in der Kalkulation berücksichtigt werden. Dem Autor scheinen die Preise aber nicht übertrieben. Auch ein Besuch in einem **Restaurant** reißt kein tiefes Loch in die Urlaubskasse. Die Preise der meisten Lokale sind angemessen. Ein Glas Wein oder Bier hat in den meisten Bistros, Bars, Kneipen einen akzeptablen Preis und niemand muss auf die Bestellung eines zweiten Getränks verzichten. Auch die Tarife für die **Ferienwohnungen** sind nicht überzogen. Die **Hotels** in der ersten Strandreihe, die Zimmer mit Meerblick anbieten, wissen allerdings sehr genau um ihre Lage und lassen sich diese durchaus bezahlen.

Einkäufe des alltäglichen Bedarfs können in mehreren Supermärkten getätigt werden. In der Shoppingmeile reiht sich ein kleines Geschäft an das nächste, darunter sind auch einige hochwertige Markenläden, die auch auf dem Festland ihren Preis haben.

Kurtaxe

Die Kurtaxe auf Norderney ist eine der höchsten der gesamten deutschen Küste, selbst auf Sylt zahlt man weniger. Alle Gäste erhalten die **NorderneyCard,** auf der das Ankunfts- und Abreisedatum gespeichert sind. Man kann damit beispielsweise den innerstädtischen, durch Kurtaxenbeiträge subventionierten NC-Bus vergünstigt benutzen und auch die Internetnutzung im Conversationshaus ❶ ist mit der NorderneyCard kostenlos (sofern der Kurbeitrag bereits entrichtet wurde). Man sollte die Karte nicht verlieren, denn falls dies geschieht, hat man theoretisch keinen Nachweis über die Ankunft auf der Insel. Vorsichtshalber sollte man die Fährquittung, die Bahnfahrkarte oder gegebenenfalls die Rechnung der Unterkunft aufbewahren, damit man sein Ankunftsdatum im Zweifel auf diese Weise belegen kann. Im schlimmsten Fall wird sonst ein Jahreskurbeitrag von 103,60 € fällig. Wer mehrfach im Jahr kommt, kann sich seine Kurkarte auch personalisieren lassen. Damit wird gewährleistet, dass man pro Jahr maximal den Jahreskurbeitrag zahlt.

EXTRAINFO

Geldautomat
- **Oldenburgische Landesbank** <114> Strandstraße 3
- **Sparkasse** <115> Jann-Berghaus-Straße 7
- **Volksbank** <116> Jann-Berghaus-Straße 69

Kurtaxe
Die Preise gelten jeweils für einen Tag:
❭ **Hauptsaison** (21.12.–5.1. und 15.3.–31.10.): Erwachsene 3,70 €, Jugendliche (14–17 Jahre): 1,90 €
❭ **Nebensaison** (6.1.–14.3. und 1.11.–20.12.): Erwachsene 1,90 €, Jugendliche 0,90 €

Hunde

Auf Norderney herrscht **Leinenpflicht.** Hunde sind am Strand nur im östlichen Bereich des Oststrands (rechts, Blickrichtung zum Wasser), auf der Rasenfläche neben der Schutzhalle am Weststrand und am westlichen Strandabschnitt des FKK-Strands erlaubt. Aber auch dort müssen Hunde angeleint sein.

Kurtaxe muss für Hunde nicht bezahlt werden, aber ein **Fährticket** braucht Bello schon: Es kostet für die Hin- und Rückfahrt 9 €.

An etlichen Punkten stehen **Spender für „Schietbüdel"**, in denen Herrchen und Frauchen die Hinterlassenschaft ihrer Vierbeiner entsorgen können und sollen.

Informationsquellen

Auf Norderney gibt es seit 2009 wieder die gute alte Tradition des **Ausrufers.** In der Saison zwischen Ostern und Oktober zieht Bernd Krüger mit roter Mütze und einer Glocke bewaffnet fast täglich am Vormittag (meist zwischen 10.30 und 13 Uhr) durch die Straßen von Norderney und verkündet die neusten Neuigkeiten.

Infostellen auf der Insel

Die Touristeninformation hat ihren Sitz im zentral gelegenen **Conversationshaus ❶** am Kurplatz. Dort kann man seinen Kurbeitrag bezahlen, erhält alle wichtigen Informationen rund um seinen Urlaub, auch zu den aktuellen Veranstaltungen, kann sich von zu Hause bereits Prospekte bestellen oder diese vor Ort abholen und kann auch eine Unterkunft vorab buchen.

Norderney preiswert

> *Kurkonzert: Findet fast täglich (montags nicht) auf dem Kurplatz statt und kann kostenlos besucht werden.*

> *Internetzugang: Kostenfreie Terminals können bei bezahlter NorderneyCard (s. S. 118) im Conversationshaus genutzt werden.*

> *Kirchenkonzerte: In der evangelischen Kirche finden Orgelkonzerte statt, die meist kostenlos sind (Termine siehe Aushang oder www.norderney.de). Obendrein kann man gelegentlich tagsüber dem Organisten beim Üben zuhören.*

> *Seehunden zusehen: Um Seehunde sehen zu können, muss man eine Fahrt mit einem Schiff buchen. Entweder eine Tour zu den Seehundbänken oder eine Ausflugsfahrt nach Baltrum, weil das Schiff dann ganz nah an den Seehundbänken im Inselosten von Norderney vorbeifährt. Mit etwas Glück kann man sie aber auch auf der Fahrt mit der Fähre sehen, der Kapitän weist für gewöhnlich dann auch mit einer Durchsage darauf hin.*

> *Inselticket: Das Inselticket ist ein kleines Gutscheinheft, mit dem man in etlichen Lokalen und Geschäften sparen kann. Verkauft wird es für 19,50 € an Bord der Schiffe und auch unter www.inselticket.de.*

> *Zeitungen: Kostenlose Tageszeitungen liegen im Kaminzimmer vom Conversationshaus aus. Außerdem lassen sich dort Bücher ausleihen.*

■ **Touristeninformation im Conversationshaus** <117> Am Kurplatz 1, Touristeninformation: Tel. 04932 891900, Zimmervermittlung: Tel. 04932 891300,
geöffnet: Mitte Feb.–Mitte Juni und Mitte
September–Mitte November Mo.–Fr.
9–17, Sa./So. 10–13 Uhr, Mitte Juni–
Mitte September Mo.–Fr. 9.30–18, Sa./
So. 10–13 Uhr, Mitte November–Mitte
Feb. Mo., Di., Fr. 10–17, Mi., Do., Sa.
10–13 Uhr

Norderney im Internet

> **www.norderney.de:** offizielle Website
der Touristeninformation. Sehr informativ gestaltet und mit einfacher, kla-
rer Menüführung. Man findet hier all-
gemeine Beschreibungen, geschicht-
liche und statistische Angaben, aber
auch sehr detaillierte praktische
Informationen.

> **www.norderney-zs.de:** Hier kann man
Unterkünfte finden und online buchen,
aber darüber hinaus findet man auch
eine erstaunliche Fülle an praktischen Informationen und hilfreichen
Ratschlägen zu allen Themen eines
Inselaufenthaltes.

> **www.nomo-online.de:** Die Website
des „Norderneyer Morgen" bietet aktuelle Nachrichten. Sehr informativ und
ausschließlich auf News von der Insel
konzentriert.

> **www.ferien-ahoi.de/blog:** Das umfang-
reiche Buch „ferien ahoi" kann man auf
der Insel käuflich erwerben. Es liefert
eine bunte Mischung aus Berichten zu
Insel-Unternehmen und -Personen und
einem Serviceteil. Auf der Website kann
man es komplett als PDF anschauen und
herunterladen.

> **www.stadt-norderney.de:** Auf dieser
Website stellt die Stadt Norderney sich,
die Stadtverwaltung und die Leistungen,
die im Rathaus erbracht werden, aus-
führlich vor.

Publikationen und Medien

> **Norderneyer Badezeitung:** Traditionsrei-
ches Blatt, das 1868 erstmals erschien.
Heute ist sie „amtliche Zeitung der Stadt
und des Nordseeheilbades Norderney"
und hat eine Auflage von knapp 1000
Exemplaren. Sie erscheint montags bis
samstags. Man findet eine Mischung aus
lokalen und internationalen Nachrichten.

> **Norderneyer Morgen:** Liegt jeden Morgen
kostenlos beim Bäcker und in einigen
Hotels aus und bietet eine Mischung aus
lokalen Nachrichten, Wetter, Veranstaltungskalender und Kleinanzeigen. Ist für
viele Gäste eine liebevolle Pflichtlektüre
beim morgendlichen Brötchenkauf.

> **Norderney Kurier:** Kostenlose Werbe-
zeitung, die jeden Freitag an alle Haus-
halte verteilt wird. Lokale Nachrichten
stehen im Mittelpunkt, des Weiteren
gibt es einen Veranstaltungskalender für die kommende Woche und viele
Kleinanzeigen.

> **Ostfriesischer Kurier:** Tageszeitung für
den Landkreis Aurich, mit einer Regional-
ausgabe für Norderney

> **ferien.ahoi Norderney:** Ein gut 250 Sei-
ten starkes Buch, das zweimal im Jahr
erscheint und einen guten Überblick über
alle relevanten Adressen liefert, die im
Tourismus eine Rolle spielen. Ergänzend
werden kleine Porträts von Läden, Lokalen, Unterkünften oder interessanten
Personen der Insel Norderney vorgestellt.
Erhältlich im örtlichen Buchhandel.

> **Radio Norderney** bringt Infos rund um
die Insel und ein maritimes Programm.
Empfangbar über das Internet: www.
radio-norderney.de

Norderney-App

> **Norderney App für den Urlaub:** Die App
richtet sich vor allem an Wassersportler,
ist aber auch für andere Strandbenutzer
und Urlauber hilfreich (gratis für Android,
werbefrei 1,19 €, 1,09 € für iOS).

Meine Literaturtipps

> **Christiane Güth:** „Alle Wege führen nach Morden", Ullstein. Trixi Gellert aus Gütersloh kommt auf die Insel Norderney, da sie einen Job bei einem Reiseführerverlag angenommen hat. Das passt, denkt sich die leicht chaotische Trixi, ein bisschen Arbeiten und ein bisschen mehr relaxen. Doch dann findet sie eine tote Umweltschützerin und die Dinge verkomplizieren sich. Das Buch ist locker, rasant und witzig geschrieben und eine prima Strandlektüre.

> **Christian Hardinghaus:** „Die Hexe von Norderney", KBV. Ein junges Mädchen wird tot im Watt aufgefunden. Mitschüler des Mädchens hatten in einem verlassenen Bunker mit ihr ein altes Ritual, eine Hexenprobe, veranstaltet. Hat sie sich danach selbst getötet? Ein Bremer Polizist, ihr Vater, reist auf die Insel, um den Fall aufzuklären. Da werden zwei weitere Kinder ermordet. Nun deuten Spuren auf eine Sagengestalt hin, eine Hexe aus dem 16. Jahrhundert.

> **Christian Hardinghaus:** „Die Schatten von Norderney", KBV. Urlaubzeit, es ist heiß und die Insel ist voll. Vor dem Haus eines bekannten Fußballers liegen zwei Leichen, seine Frau und ihr Liebhaber. Während die Polizei ermittelt, wird der Stadtrat tot in einer Hotelbadewanne gefunden. Spannend und mit raffinierten Wendungen erzählt.

> **Manfred Reuter:** „Norderney-Bunker", Ostfriesland Verlag. Ein weiterer Krimi, der auf Norderney spielt. Ein Straßenmusikant kommt auf die Insel und als ein Mord geschieht, geraten er und sein Kumpel unter Verdacht. Die beiden flüchten in einen alten Wehrmachtsbunker, aber dann geht der Ärger erst richtig los und noch ein Mord geschieht. Mit großem Wissen über die Insel geschrieben, hat der Krimi einen hohen Wiedererkennungswert. Das Buch ist mit Fotos garniert.

> **Klaus-Peter Wolf:** „Ostfriesenkiller", Fischer Verlag, ist einer von bislang dreizehn Krimis um die sowohl starrköpfige als auch geniale Ermittlerin Ann-Kathrin Klassen. Sie und ihr Team ermitteln in ganz Ostfriesland. Oft verschlägt es sie dabei auch auf die Insel Norderney. Alle Bücher der Serie sind spannend und mit viel Lokalkolorit geschrieben. Einige real existierende Personen und Örtlichkeiten sind Teil der Geschichte. Im Roman „Ostfriesenkiller" geht es, wie in fast allen Bänden, um die Suche nach einem Mehrfachmörder. In diesem Fall werden mehrere Mitglieder des Vereins „Regenbogen" auf grausame Weise umgebracht. Die Ermittler tragen nicht nur die Geschichte, sie werden auch mit ihren Eigenarten, privaten und beruflichen Problemen vorgestellt, die sich teilweise wie ein roter Faden durch alle Romane ziehen. Im Mittelpunkt bleibt immer aber der Kriminalfall und auch Ostfriesland als Schauplatz.

Internet

WLAN gehört in den Hotels zum Standard und wird auch in immer mehr Ferienwohnungen angeboten. In Lokalen sieht es unterschiedlich aus. Etwas vereinfacht gesagt: In Lokalen, die sich ein junges, lässiges Image geben, wird es meist angeboten, beispielsweise in der Milchbar (s. S. 85), im Café Extrablatt (s. S. 85) oder im Surfcafé (s. S. 86), in einer traditionsreichen Gaststätte eher nicht. Auch auf der Fähre gibt es kostenloses WLAN.

Im **Conversationshaus** ❶ stehen Computerterminals, die Gäste mit NorderneyCard kostenlos nutzen können. Allerdings muss vorher der Kurbeitrag bezahlt sein (s. S. 118).

❯ Die neybox ist ein historischer Badekarren, der am Kurplatz steht. Drinnen ist eine Videoaufzeichnungsanlage eingebaut. Gäste können hier eine Videobotschaft aufnehmen und ihre Eindrücke von der Insel Norderney darstellen. Anschauen kann man sich diese selbstgedrehten Filme auf Facebook unter www.facebook.com/norderneymeinensel unter dem Menüpunkt „neybox".

Medizinische Versorgung

Krankenhaus

■ Krankenhaus Norderney <118> Lippestraße 9 – 11, Tel. 8050, www.krankenhaus-norderney.de. Hier sind eine Allergie- und Hautklinik sowie das Dr.-von-Halem-Krankenhaus mit den Fachabteilungen für Dermatologie, Chirurgie und Innere Medizin sowie ein Dialysezentrum untergebracht. Liegt sehr schön am Ortsrand vor den Dünen.

Zahnarzt

■ Carstens <119> Janusstraße 2, Tel. 991077, Termine nach Vereinbarung

Apotheke

■ Apotheke am Kurplatz <120> Adolfsreihe 2, Tel. 92870, geöffnet: Mo.–Fr. 8–13, 15–18.30, Sa. 8–13, in der Saison auch So. 10–13, 16–18 Uhr
■ Kurapotheke Norderney <121> Kirchstraße 12, Tel. 927000, geöffnet: Mo.–Fr. 8–13, 15–18.30, Sa. 8–13 Uhr. Historisches Haus, das bereits 1897 erbaut wurde.

Mit Kindern unterwegs

■ Kap Hoorn Indoor-Spielbereich <122> Marienstraße, Ecke Mühlenstraße, geöffnet: ab 11 Uhr. Ein kostenloser Spielpark in einer großer Halle, die mit Sand ausgelegt ist. Viele Spielgeräte drinnen, aber auch draußen befinden sich noch weitere, auch eine Halfpipe. Es gibt einen kleinen Kiosk, Ruhebänke, einen Teich und eine Kletterwand.
❯ Großformatige Mühle- und Schachspiele auf dem Asphalt befinden sich direkt vor dem Lokal Riffkieker (s. S. 86).
■ Puppentheater Purzelbaum <123> Schmiedestraße 1a, Tel. 9345826, www.puppentheater-purzelbaum.de. Kartenverkauf 30 Minuten vor Beginn der Vorstellung oder nach telefonischer Vereinbarung. Mirjam Barty, eine ausgebildete Puppenspielerin, bietet in ihrem kleinen Theater, das gerade einmal Platz für 50 Personen hat, zauberhafte Stücke an. Der Spielplan hängt draußen am Fenster, Beginn ist meist 16 Uhr.

▷ *Vor dem Kap Hoorn gibt es einen großen Spielplatz*

› **Ponyreiten für Kinder,** Reitschule Junkmann (s. S. 71), Mo.–Fr. 15–17 Uhr

› Es gibt zwei **Minigolfplätze** auf Norderney (s. S. 69).

› **Spielplätze** gibt es ebenfalls mehrere
auf der Insel, der wohl größte liegt direkt
am Weststrand. Weitere sind auf dem
Schulhof der Grundschule (Jann-Berghaus-Straße 56) zu finden. Ein weiterer
liegt gegenüber dem Kap ⑪ in der Bürgermeister-Willi-Lührs-Straße, dort kann
auch Fußball gespielt werden. Direkt
nebenan befindet sich ein etwas skur-
riles Privatgelände, das nur von außen
eingesehen werden kann und auf dem
einige **Tiere** gehalten werden, aber auch
allerlei ungewöhnliche Exponate wie eine
Tankstellenzapfsäule, Puppen, Modell-
bauten zu finden sind. Wer möchte, hin-
terlässt eine Geldspende für Futter.

› Ein **Trampolin,** bei dem man einen Sitz-
gurt trägt und so gesichert gewaltige
Sprünge machen kann, steht zumindest
in der Saison am Nordstrand. Auch am
Weststrand findet man am Abenteuer-
spielplatz Trampoline.

› Auf Norderney gibt es nicht nur einen
erwachsenen Kurdirektor, nein, es gibt
auch einen **Kinderkurdirektor.** Sein/

Ihr Büro liegt praktischerweise im „Kap
Hoorn" (s. S. 122), aber er/sie unterstützt auch ganz pragmatisch den
erwachsenen Kurdirektor. Gewählt wird
der Kinderkurdirektor für ein Jahr und
ihm oder eben auch ihr steht ein stol-
zes Budget von 10.000 € zur Verfügung.
Damit lassen sich schon etliche Aktio-
nen und Veranstaltungen organisieren,
wie beispielsweise ein „Rutsch-Fußball-
Cup" oder die Aktion „Golfen für Kids".
Der Kinderkurdirektor hat auch eine
wöchentliche Sprechstunde, immer am
Mittwoch von 16 bis 17 Uhr. Wo? Natürlich im Kap Hoorn.

› Einen eigenen **Veranstaltungskalender
für Kinder** findet man im Internet unter
www.norderney.de (Menüpunkt: Events/
Veranstaltungskalender, dann einen
Haken setzen in der Kategorie „Kinder-
veranstaltung"). Dort gibt es Hinweise
auf kindgerechte Konzerte, Wattwande-
rungen speziell für Kinder, die das Nationalparkhaus Wattenmeer organisiert,
oder auch auf Zumba-Tanzkurse im Kap
Hoorn.

› Die **Happy Surf Schule** (s. S. 60) bietet
zwischen Mitte März und Mitte Oktober
Kurse für Kinder ab 6 Jahren an, die in

072no Abb.: mux

einem geschützten und flachen Stehrevier üben. Die **Segelschule Norderney** (s. S. 60) bietet Segelkurse für Kinder an. Sie finden in der geschützten Bucht im Surfbecken statt.

Notrufnummern
> **Polizei:** Tel. 110
> **Feuerwehr/Krankenwagen:** Tel. 112

Notfälle

■ **Polizei** <124> Knyphausenstraße 7, Tel. 92980

Kartensperrung

Bei **Verlust der Debit-/Giro-, Kredit-** oder **SIM-Karte** gibt es für Kartensperrungen eine **deutsche Zentralnummer** (unbedingt vor der Reise klären, ob die eigene Bank bzw. der jeweilige Mobilfunkanbieter diesem Notrufsystem angeschlossen ist). **Aber Achtung:** Mit der telefonischen Sperrung sind die Bezahlkarten zwar für die Bezahlung/Geldabhebung mit der PIN gesperrt, nicht jedoch für das **Lastschriftverfahren mit Unterschrift.** Man sollte daher auf jeden Fall den Verlust zusätzlich **bei der Polizei zur Anzeige bringen**, um gegebenenfalls auftretende Ansprüche zurückweisen zu können.

In **Österreich** und der **Schweiz** gibt es keine zentrale Sperrnummer, daher sollten sich Besitzer von in diesen Ländern ausgestellten Debit- oder Kreditkarten vor der Abreise bei ihrem Kreditinstitut über den zuständigen Sperrnotruf informieren.

Generell sollte man sich immer die **wichtigsten Daten** wie Kartennummer und Ausstellungsdatum **separat notieren**, da diese unter Umständen abgefragt werden.
> **Deutscher Sperrnotruf:** Tel. +49 116116 oder Tel. +49 3040504050
> **Weitere Infos:** www.kartensicherheit.de, www.sperr-notruf.de

Post

■ **Post** <125> Hafenstraße 6 bei der Tankstelle Bodenstab, geöffnet: Mo.–Fr. 8–13 und 14–17, Sa. 9–12 Uhr

Touren

> Inselrundfahrt mit **Bömmels Bimmelbahn,** Tel. 0160 96004087, www.boemmelbahnen.de, Dauer: 1 Std. 45 Minuten inklusive einer Strandpause von 30 Minuten, Preis: 10 €, Kinder bis 12 Jahren 5 €, Abfahrten Mitte März bis Oktober täglich zwischen 11 und 15 Uhr stündlich ab Rosengarten, Ticketverkauf direkt an der Haltestelle Rosengarten.
> **Inselrundfahrt per Bus,** https://busfischer.de, Tel 49322119, mehrmals täglich ab Rosengarten und Fähranleger, Preis: Erwachsene 12 €, Kinder bis 12 Jahren 8 €, Fahrdauer eine gute Stunde. Man kann auch aussteigen und mit dem nächsten Bus weiterfahren.
> **Rundflüge** über Norderney bietet die FLN Frisia-Luftverkehr GmbH an, dabei ist es möglich, einmal um die Insel zu fliegen oder auch einen Abstecher zu einer benachbarten Insel zu machen. Informationen: Tel. 04931 93320 oder www.inselflieger.de
■ **Segway-Touren** <126> Am Nordstrand 3, Tel. 0171 9913445, https://landtoursnorderney.de. Segway-Touren (Preis: 69 €) werden zweimal täglich (9.30 und 15 Uhr) angeboten. Segways sind kleine Elektrofahrzeuge auf zwei Rädern, auf denen die Fahrer stehen und das Fahrzeug durch Körperverlagerung steuern.

Die Touren dauern etwa 3 Stunden mit einer halbstündigen Pause. Es gibt ein paar Einschränkungen für die Teilnahme, deshalb unbedingt vorher erkundigen.

❯ Zwischen März und Oktober startet jeden Dienstag um 14 Uhr (im Juli und August zusätzlich am Donnerstag um 16 Uhr) eine kleine Gruppe zu einer **geführten Fahrradtour** über die Insel. Treffpunkt ist vor dem Reisebüro Norderney (s. S. 41), Dauer: ca. 2 ½ Stunden bei 12 km Fahrstrecke, Preis: 10 €, ein Fahrrad ist mitzubringen. Interessierte müssen sich im Reisebüro anmelden.

Unterkunft

Ferienwohnungen

Es dürften schon ein paar hundert, wenn nicht gar ein paar tausend Ferienwohnungen sein, die auf Norderney angeboten werden. Die Bandbreite reicht vom einfachen Zimmer unterm Dach in einem Siedlungshaus bis zu topmodern gestalteten und auch entsprechend eingerichteten Wohnungen. „Die Konkurrenz ist einfach zu groß und wir müssen länger als nur über die Sommerferien vermieten, um klarzukommen", berichtete ein Vermieter, und das klappt nur, wenn die Gäste zufrieden sind

und wiederkommen, also muss die Einrichtung tipptopp sein. Das **Preisniveau** ist den Unterkünften angemessen, auf anderen Nordseeinseln zahlt man bei vergleichbarer Qualität durchaus schon mal mehr.

Bei Wohnungen im **innerstädtischen Bereich** genießt man den Vorteil, direkt am quirligen Stadtgeschehen teilhaben zu können. Allerdings ist es bis zum breiten Nordstrand schon etwas weiter. Ruhiger wohnt man etwas außerhalb, wo auch etliche sehr schöne Häuser neueren Datums stehen. Speziell die Häuser in der Emsstraße und in der Nordhelmstraße haben den Vorteil, dass man sehr schnell auf markierten Wegen durch die Dünen **den Strand erreichen** kann, was speziell am Abend ein echter Vorteil ist. Allerdings ist es umgekehrt natürlich ein weiter Weg ins Zentrum, weswegen man sich hier ein Fahrrad leihen sollte.

In vielen Wohnungen darf **nicht geraucht** werden und es gibt Vermieter, die keine **Haustiere** wünschen. Das ist meist kein Zeichen mangelnder Tierliebe, sondern schlicht ein Zugeständnis an Allergiker, die als nächs-

△ *Auf Inselrundfahrt
mit Bömmels Bimmelbahn*

te Gäste kommen könnten. Als Raucher oder Hundehalter also lieber vorher nachfragen, bevor es zu unangenehmen Überraschungen kommt.

In den **Ferienmonaten** (speziell im Sommer) ist es auf der Insel sehr voll. Wer in dieser Zeit verreisen will, sollte sich sehr früh um ein Quartier bemühen. Aber auch außerhalb der **reinen Ferienwochen** kann es an bestimmten Tagen sehr voll werden, speziell um Feiertage herum. Diese werden gerne als Brückentage und für einen Kurzurlaub genutzt. Norderney ist aber auch ein von feierfreudigen Gruppen gern besuchtes Ziel. Darauf haben sich einige Vermieter eingestellt, die diese Gruppen gern aufnehmen, während es sehr wohl auch welche gibt, die explizit nicht an Gruppen vermieten, was man auf deren jeweiliger Website nachlesen kann.

- **Logis-Service Norderney** <127> Jann-Berghaus-Str. 76, Tel. 542, www. logisservice-norderney.de. Hat etliche Ferienwohnungen im Angebot, darunter auch historische Kapitänshäuser.
- **Norderneyer Zimmerservice** <128> Jann-Berghaus-Straße 59, Tel. 3371, www. norderney-zimmerservice.de. Hat über 100 Ferienwohnungen im Angebot.
- ❯ **Zimmervermittlung Norderney**, in der Touristinfo (s. S. 120), www.norder ney.de. Offizielle Zimmervermittlung der Kurverwaltung.

Hotels und Pensionen

Einige Hotels liegen in einer hervorragenden Lage direkt hinter dem Deich, vor allem in der Kaiserstraße, wo man als Gast von vielen Zimmern einen traumhaften Blick aufs Meer hat. Diese Zimmer sind allerdings auch nicht gerade billig. Die Betreiber wissen um die tolle Lage und sie hat selbst in der Nebensaison ihren Preis. Wer es sich

gönnt, erlebt hier aber auch allabendlich das traumhafte Schauspiel des Sonnenuntergangs, sozusagen vom eigenen Balkon aus.

- **Haus Norderney** €€€ <129> Janusstraße 6, Tel. 2288, www.hotel-haus-norder ney.de. **In zentraler Lage in der Nähe des Kurplatzes:** Das Haus ist stilvoll und modern renoviert und in stimmigen Naturtönen eingerichtet. In ruhiger Lage mit zwei Etagen und beeindruckendem Eingangsportal. Frühstück wird im gläsernen Anbau serviert. Insgesamt nur 10 Zimmer. Es gibt eine finnische Sauna und eine geschützte Gartenterrasse.
- **Hotel New Wave** €€€ <130> Luisenstr. 13, Tel. 934200, www.new-wave.de. **Pop Art trifft skandinavische Lässigkeit:** So beschreibt sich dieses moderne Hotel selbst. Es bietet 73 in vier Design-Kategorien unterschiedlich gestaltete Zimmer, mal in Sandfarben, mal eher in Grastönen oder auch dem Meer entlehnten Farben. Es gibt einen Kühlschrank (keine Minibar) und auch eine Kaffeemaschine auf den Zimmern. Angeschlossen sind ein Restaurant und eine Rooftop-Bar, außerdem gibt es einen nett begrünten Innenhof.
- **Hotel Künstlerhaus** €€€ <131> Strandstraße 6, Tel. 934430, www.hotel-kuenstlerhaus.de. **Ein Haus mit vielen Kunstwerken in ruhiger, zentraler Lage:** gegenüber der Inselkirche in einem schönen, recht kompakten weißen Haus aus dem Jahr 1890. Die 36 Hotelzimmer liegen in den oberen Etagen, sind schick und sehr funktionell eingerichtet. Der Frühstücksbereich neben der Rezeption hat auch eine Terrasse, wer möchte, frühstückt draußen und blickt von oben auf das Geschehen auf der vorbeiführenden Strandstraße. Das Haus ist mit einer

◿ *Vor dem Inselhotel König wächst eine prächtige Kastanie*

Reihe von Kunstwerken bestückt, u. a. einer Sandzeichnung von Joseph Beuys oder den Pop-Art-Collagen im Frühstücksraum von Johann Georg Müller.

■ **Hotel Stranddistel** €€-€€€ <132> Damenpfad 17, Tel. 93220, www.hotel-strand distel.de. **Kleines, familiäres Hotel mit Komfort:** ein Haus mit kleinen Balkonen, unweit vom Weststrand bei der Marienhöhe gelegen. Die unterschiedlich großen Doppelzimmer liegen auf drei Etagen, unten befindet sich ein Frühstücksraum. Insgesamt eine zentrale und doch recht ruhige Lage.

■ **Inselhotel König** €€-€€€ <133> Bülowallee 8, Tel. 8010, www.inselhotel-koenig.de. **Zentrale Lage, verschiedene Lokalitäten:** großes Haus, das bereits 1868 als Hotel existierte und heute 49 Zimmer (11 EZ, 38 DZ, alles Nichtraucher) unterschiedlicher Größe hat. Das Hotel befindet sich in sehr zentraler Lage in der Nähe des Kurplatzes und hat ein Restaurant ("Leib & Seele"), eine beliebte Musikkneipe ("Fischerkate", wo geraucht werden darf), eine Bar ("Bülow Bar") und eine große Saunalandschaft.

■ **Logierhaus** €€€ <134> Friedrichstraße 21, Tel. 93860, https://logierhaus-norderney.de. **Historisches Haus, liebevoll eingerichtet:** schönes, ganz in Weiß gehaltenes, denkmalgeschütztes Gebäude. Es hat zwei EZ und zehn DZ, die individuell eingerichtet sind. Bei der Gestaltung wurde sehr aufs Detail geachtet, beispielsweise gibt es handbemalte Fliesen, Holzmöbel und Naturleinstoffe. Im Haus befindet sich auch ein Restaurant.

■ **Pension Boomgaarden** €€ <135> Roonstraße 4, Tel. 2823, www.boomgaarden-norderney.de, geöffnet von April bis Oktober, Mindestaufenthalt sind 5 Nächte. **Kleine, gemütliche Pension:** mit 10 Zimmern, die in ostfriesischen Farben blau-weiß gehalten sind. Die Zimmer haben ein Waschbecken, WC und Dusche befinden sich auf der Etage.

■ **Strandhaus Atlantic** €-€€ <136> Damenpfad 7, Tel. 92640, www.strandnorder ney.de. **Aparthotel mit unterschiedlich großen Apartments:** Familiäres Apartmenthotel in einem historischen roten Backsteinhaus mit unterschiedlich gro-

074no Abb.: mux

ßen Zimmern für zwei Personen. Es gibt aber auch Apartments für bis zu acht Personen. Das Haus liegt sehr nahe am Strand und zugleich am Rand des geschäftigen Zentrums. Einige Zimmer mit Meerblick.

■ **Strandhotel Germania** €€€ <137> Kaiserstraße 1, Tel. 030 800929292, www.michelshotels.de/hotel/strand hotel-germania-norderney. **Historisches, topmodern eingerichtetes Hotel:** erstklassige Lage unweit der Milchbar (s. S. 85), bietet unterschiedliche Zimmertypen an, von etlichen Zimmern schöner Meerblick. Obendrein gibt es Wellnesseinrichtungen und das gute Restaurant Deichblick.

■ **Villa Breeksee** €€€€ <138> Damenpfad 20, Tel. 8090, www.villabreeksee.de. **Historisches, außerordentlich liebevoll renoviertes Haus mit Meerblick:** schöne Lage nahe Ortskern und Weststrand. Die schick renovierten Zimmern haben teilweise Meerblick.

Jugendherberge

■ **Jugendherberge Norderney** € <139> Mühlenstraße 1, Tel. 840900, www. jugendherberge.de, geöffnet: ganzjährig. Am östlichen Stadtbereich gelegen, zur Innenstadt und zum Strand ist es etwa gleich weit (jeweils ca. 500 m). Es gibt 2-, 4-, 6- und 8-Bett-Zimmer sowie sechs Familienappartements und fünf Einzelzimmer, insgesamt 262 Betten. WLAN.

■ **Jugendherberge Norderney Dünensender** € [s. Faltplan] <140> Am Dünensender 3, Tel. 2574, www.jugendher berge.de, geöffnet: ganzjährig, von November bis einschließlich Februar aber nur auf Anfrage. Das Haus liegt etwa fünf Kilometer außerhalb des Zentrums und ca. 4 km vom Hafen, Bus Nr. 4 hält vor der Tür. 120 Betten in 20 Räumen (von Zwei- bis Zehnbettzimmern), angeschlossen ist ein Jugendzeltplatz. WLAN.

092no Abb.: mux

075no Abb.: mux

Camping

Es gibt mehrere Campingplätze auf Norderney, die meisten liegen im Osten der Insel. Die meisten Plätze sind nicht besonders groß, eine rechtzeitige Reservierung ist daher anzuraten. Die Campingplätze sind die einzige Möglichkeit, ein Wohnmobil zu parken.

■ **Campingplatz Eiland** € [s. Faltplan] <141> Am Leuchtturm 10, Tel. 2184, www.camping-eiland.de, geöffnet: Anfang April bis Ende Oktober. War einst ein Bauernhof, aus dem in den 1970er-Jahren ein Campingplatz wurde. Er liegt im Osten der Insel etwa 1 km hinter dem Leuchtturm sehr ruhig in einer Dünenlandschaft. Ein Weg führt durch die Dünen zum Strand. Es werden auch Wohnwagen vermietet.

■ **Campingplatz Spilak** € [s. Faltplan] <142> Am Leuchtturm 9, Tel. 2174, www.ney camping.de, geöffnet: Anfang März bis Ende Oktober. Kleiner Platz auf einem Pferdehof in der Umgebung des Leuchtturms, etwa 7 km außerhalb des Ortes.

■ **Camping Um Ost** € [s. Faltplan] <143> Am Golfplatz 3, Tel. 618, www.camping-platz-um-ost.de, geöffnet: Mitte April bis Mitte Oktober. Der Platz liegt an der Wattseite beim Südstrandpolder, etwa 5 km außerhalb des Ortes, in der Nähe des Leuchtturms und des Golfplatzes. Er ist recht groß und hat ein Restaurant („Reethus").

Verkehrsmittel

Auf Norderney gibt es keine Inselbahn, besser gesagt: Es gibt sie nicht mehr. Das ist zwar ein wenig schade, aber so hat sich eine Kultur des Fahrradfahrens entwickelt, die zweifellos auch ihren Reiz hat. Da außerdem große Teile der Innenstadt in der Zeit zwischen Oster- und Herbstferien für den Autoverkehr gesperrt sind, bleiben als Transportmittel nur Busse und Taxen.

⌃ Busse warten am Hafen auf neue Gäste

⌃ Campingplatz in den Dünen: Camping Eiland (s. l.)

Busse

Zwei Anbieter unterhalten auf Norderney mehrere Buslinien. Bereits bei Ankunft mit der Fähre im Hafen warten Busse, um Gäste auf drei Routen zu ihrem Quartier in die Stadt zu bringen. Des Weiteren gibt es Linien, die in den Ostteil der Insel fahren und einen Service, der auf einem Rundkurs durch die Stadt fährt. Gezahlt wird jeweils im Bus.

> www.inselbus-norderney.de
> https://bus-fischer.de/linienverkehr

> **Linie 1 Hafen – Stadt:** Diese Linie fährt in den westlichen Teil der Stadt, hält u. a. am Damenpfad, an der Milchbar, an der Georgshöhe, an der Winterstraße und endet am Rosengarten.

> **Linie 2 Hafen – Kapitänseck:** Dieser Bus fährt in den mittleren Stadtbereich, hält u. a. in der Langestraße, der Marienstraße und am Busbahnhof.

> **Linie 3 Hafen – Kap – Nordhelmsiedlung:** Die Linie erreicht die östlichen Stadtbereiche u. a. mit den Stopps Bürgermeister-Willi-Lührs-Straße, Nordbad, Waldweg, Nordhelmstraße, Lippestraße und Birkenweg und endet an der Richthofenstraße.

> **Preise für Linie 1–3:** Für alle Haltestellen im Stadtgebiet gilt die Tarifzone 1, Erwachsene Einzelkarte: 2,10 €, Kind (6–13 Jahre) 1,50 €, Hund oder zusätzliches Gepäck 1,10 € (ein Gepäckstück ist jeweils im normalen Fahrpreis inklusive). Die Buslinien richten sich in ihrem Fahrplan nach der Fährabfahrt nach Nordstrand, verkehren also außerhalb der Sommermonate seltener.

> **Linie 4 Busbahnhof – Oase:** Dieser Bus hat die Stopps Wasserturm, Lüttje Legde, Birkenweg, Meierei, Schießstand, Dünensender (wo sich auch die Jugendherberge befindet), Um Ost (mit dem Campingplatz), Golfplatz, Flug-

platz, Leuchtturm, Abzweiger Eiland (von hier noch ca. 1,3 km Fußweg bis Parkplatz Ostheller, von wo die Wanderung zum Wrack startet, s. S. 61) und erreicht schließlich das Lokal Strandpieper (s. S. 87). Frequenz: im Sommer um 9.50 und dann etwa stündlich, letzter Bus um 17.50 Uhr. Zurück zwischen 10.05 und 18.05 Uhr stündlich, wobei sich die genauen Zeiten immer etwas verschieben. Außerhalb der Sommersaison fahren die Busse seltener. Preise: innerhalb der Stadt: 2 € (Kinder 1,40 €), außerhalb: 2,60 € (1,70 €).

> **Linie 5 Busbahnhof – Weiße Düne:** Die Linie befährt die Strecke zum beliebten Ausflugslokal Weiße Düne (s. S. 87) mit folgenden Stopps: Wasserturm, Lüttje Legde, Birkenweg und Meierei. Im Sommer zwischen 10.05 und 17.25 Uhr stündlich, in der restlichen Jahreszeit zwischen 10.05 und 17.05 Uhr stündlich. Zurück geht es im Sommer zwischen 10.30 und 18 Uhr, ansonsten zwischen 10.12 und 17.32 Uhr.

> **Linie 6 Hafen – Weiße Düne:** Die Busse fahren im Sommer um 10, 11, 12 Uhr direkt zur Weißen Düne, kehren von dort um 15.30, 16.30 und 17.30 Uhr zurück und richten sich vornehmlich an Tagesgäste. Zur Weißen Düne: Erw. 2,10 €, Kinder (4–12 Jahre) 1,30 €.

> Der **NorderneyCard-Bus** ist eine Linie, die auf einem Rundkurs durch die Stadt verkehrt, zwischen 9 und 12 Uhr stündlich, dann wieder um 15 und 17 Uhr. Preise (mit NorderneyCard): Erw. 1 €, Kinder (4–12 Jahre) 0,50 €, ohne diese Karte jeweils 0,50 € teurer.

Taxi

Taxis der Firma Gilles & Göke warten meist am Rosengarten, am Fähranleger und auch beim Busbahnhof, telefonisch sind sie unter Tel. 04932 2345 zu erreichen.

Wetter und Reisezeit

Klima

Norderneys vorgeschobene Lage im Meer erzeugt ein ganz spezielles **Reizklima**, das durch den Golfstrom aus dem Atlantik geprägt wird. Der besondere Reiz des Nordseeklimas liegt im Zusammenspiel von Sonnenlicht, Luft und kühlendem Wind. Die Nordseeluft ist durch das Brechen der Wellen, das die Jod- und Salzteile des Wassers zerstäubt, salzhaltig und feucht. Der Westwind trägt diese Luft ans Land, der Mensch nimmt sie dort auf. Genau das hat Auswirkungen auf die Schleimhäute, Allergiker beispielsweise atmen in der reinen Luft endlich wieder frei durch. Es kann auch zunächst zu einer laufenden Nase kommen, was sich allerdings nach ein paar Tagen reguliert. Da die Luft durch den Wind ständig etwas kühler ist, ist der Körper gezwungen, zu reagieren. Die Blutgefäße ziehen sich zusammen, der Herzschlag verlangsamt sich, der Blutdruck steigt. Ein kurzfristiges Unwohlsein kann auftreten, es setzt aber ein Abhärtungsprozess ein, der positive Auswirkungen auf Kreislauf und Durchblutung hat.

Wer sich am Strand aufhält, darf die Kraft der **Sonne** nicht unterschätzen. Durch den ständig wehenden Wind empfindet man es nicht als so warm, warum sich also besonders schützen? Das krebsrote Ergebnis kann man dann abends vor dem Badezimmerspiegel bewundern. Zwar herrscht über Niedersachsen noch kein Ozonloch, aber übermäßige UV-Bestrahlung führt nicht nur zu einem Sonnenbrand, sondern erhöht auch die Gefahr von Hautkrebs. Am besten hält man sich im Schatten auf, beispielsweise im Strandkorb oder unter einem Sonnenschirm, aber auch die Sonnencreme nicht vergessen. Sonnenbestrahlung in Maßen hat aber auch positive Auswirkungen auf den menschlichen Körper. Sie verstärkt die Bildung von Vitamin D, das bei der Kalziumaufnahme eine wichtige Rolle spielt. Schon eine fünfzehnminütige direkte Sonnenbestrahlung führt zur ausreichenden Bildung von Vitamin D, besonders für ältere Menschen nicht unwichtig.

Eine „Konstante" des Nordseeklimas ist die **Unbeständigkeit des Wetters.** Zwar gibt es generelle Tendenzen, aber ein wolkenverhangener Himmel kann ruckzuck aufklaren und schon scheint die Sonne wieder. Durch den Golfstrom und den Wind kommt es zu einem relativ **milden Grundklima.** Wind weht eigentlich immer, vorzugsweise aus West oder aus Südwest, also von der See her. Das beschert Badeurlaubern eine **angenehme Brise,** vor allem zur nachmittäglichen Hitze. Abends schwächt sich der Wind wieder ab, und häufig weht er in der Nacht dann sogar vom Land aufs Meer hinaus. Quellwolken, die sich durch das Aufsteigen warmer Luftschichten bilden, regnen urlauberfreundlich oft im Hinterland der Küste ab. Bilden sich dagegen über dem Meer Zirruswolken (sie sehen ein wenig wie zerrupfte Federn aus), dann ist die Wahrscheinlichkeit hoch, dass es bald auch an der Küste regnet. Und noch eine Bauernregel: Leuchtet es am Abend rot, dann gibt es am nächsten Tag schönes Wetter. Leuchten die Wolken und der Himmel am Morgen rot, dann zieht Regen auf.

Im **Sommer** sind die Tage bei einer guten, stabilen Wetterlage zwar sehr schön warm, manchmal auch heiß, aber es ist selten extrem und trocken heiß.

Der Westwind beschert der Küste vor allem im **Januar** und **Februar** schwere Stürme. **Mai** und **Juni** gelten als die schönsten Monate mit der geringsten Bewölkung. **Juli** und **August** bringen hoffentlich ebenso schöne Tage, der August ist sogar im Mittel noch ein wenig wärmer, vereinzelt kommt es zu Gewitterschauern. Auch **September** und **Oktober** glänzen oft noch mit schönen Phasen und geringen Niederschlägen, bevor dann im **November** wieder mit schweren Herbststürmen gerechnet werden muss. Im **Dezember** ist es, auch bedingt durch den Wind, kalt. Die Nordsee erwärmt sich langsamer als das nahe Festland, die **Wassertemperaturen** übersteigen selten 20 °C.

Reisezeit

Norderney ist vor allem bei Familien eine beliebte Insel. Sie kommen naturgemäß in der **Ferienzeit** und hier vor allem in den Ferien von Nordrhein-Westfalen. Dann wird es auf der Insel voll. Wer also in dieser Zeitspanne reisen möchte oder muss, der sollte sich früh um ein Quartier bemühen. In der Innenstadt bemerkt man den erhöhten Gästezustrom, an den Stränden zwar auch, aber es bleibt für gewöhnlich noch reichlich Platz rund ums Handtuch, zumindest,

wenn man bereit ist, nicht unmittelbar am Strandübergang seinen Platz aufzuschlagen.

Die Monate **Mai** und **Juni** können schon sehr schön sein, sodass sie sich ebenfalls zu einem Besuch der Insel eignen. Allerdings kommen dann an Wochenenden auch oft Gruppen und Vereine, die nach Norderney reisen, um hier zu feiern, gern auch an Feiertagen, die sich für ein langes Wochenende eignen (Christi Himmelfahrt, Fronleichnam).

Auch im Herbst reisen viele Gruppen nach Norderney. Auch hier gilt, dass sie meist nur für ein Wochenende kommen. Wer als Gast in dieser Zeit seinen Urlaub auf der Insel verbringen möchte und nicht auf Partys steht, der sollte sein Quartier nicht direkt im Ortskern wählen. Mittlerweile hat sich auch der **Jahreswechsel** zu einer attraktiven Reisezeit gemausert, bei der Tausende auf die Insel strömen. Dann kann es schon mal eng werden in den Restaurants, ansonsten ist dieser kurzfristige Gäste-Ansturm spätestens nach dem Dreikönigstag wieder vorbei.

Der Autor empfiehlt den September für einen ruhigen Aufenthalt auf Norderney, aber auch im Mai und Juni wird man schöne Urlaubstage auf der Insel verbringen können, zumal in dieser Jahreszeit die Tage lang sind.

Durch-schnitt	Wetter auf Norderney											
Maximale Temperatur	3°	4°	6°	9°	14°	17°	19°	19°	17°	13°	8°	5°
Minimale Temperatur	0°	0°	2°	5°	9°	12°	14°	15°	12°	9°	4°	1°
Regentage	13	9	12	10	11	11	11	11	11	11	14	14
Wasser-temperatur	6°	7°	11°	14°	17°	19°	20°	19°	15°	13°	11°	8°
	Jan	Febr	März	Apr	Mai	Juni	Juli	Aug	Sept	Okt	Nov	Dez

ANHANG

Register

☑ *Norderneys Traumstrand
im milden Abendlicht*

078no Abb.: mux

Das komplette Programm zum Reisen und Entdecken

Reise Know-How Verlag

- **Reiseführer** – praktische Reisetipps von kompetenten Landeskennern

- **CityTrip** – kompakte Informationen für Städtekurztrips

- **CityTrip^{PLUS}** – umfangreiche Informationen für ausgedehnte Städtetouren

- **InselTrip** – kompakte Informationen für den Kurztrip auf beliebte Urlaubsinseln

- **Wohnmobil-Tourguides** – praktische Reisetipps für Wohnmobil-Reisende

- **Wohnmobil-Tourguide-Logbuch** – ein Buch für alles, was auf Fahrten wichtig ist

- **Wanderführer** – exakte Tourenbeschreibungen mit Karten und Anforderungsprofilen

- **KulturSchock** – Orientierungshilfe im Reisealltag

- **Die Fremdenversteher** – kulturelle Unterschiede humorvoll auf den Punkt gebracht

- **Kauderwelsch-Sprachführer** – schnell und einfach die Landessprache lernen

- **Kauderwelsch plus** – Sprachführer mit umfangreichem Wörterbuch

- **world mapping project™** – aktuelle Landkarten, wasserfest und unzerreißbar

- **Reisetagebuch** – das Journal für Fernweh und Reiselust

- **Edition Reise Know-How** – Geschichten, Reportagen und Abenteuerberichte

Reisen? We know how!

Zu Hause und unterwegs – intuitiv und informativ

 **www.reise-know-how.de**

- **Immer und überall** bequem in unserem Shop einkaufen

- Mit **Smartphone, Tablet** und **Computer** die passenden Reisebücher und Landkarten finden

- **Downloads** von Büchern, Landkarten und Audioprodukten

- Alle **Verlagsprodukte** und **Erscheinungstermine** auf einen Klick

- **Online** vorab in den Büchern **blättern**

- Kostenlos **Informationen, Updates** und **Downloads** zu weltweiten Reisezielen abrufen

- **Newsletter** anschauen und abonnieren

- Ausführliche **Länderinformationen** zu fast allen Reisezielen

Die kompakten Stadtführer aus dem
Reise Know-How Verlag

CityTrip Hamburg

Hans-Jürgen Fründt

ISBN 978-3-8317-3361-3

€ 12,95 [D]

CityTrip Bremen

mit Überseestadt und Bremerhaven

Izabella Gawin, Dieter Schulze

ISBN 978-3-8317-3018-6

€ 11,95 [D]

Mit begleitendem Service für Smartphones, Tablets & Co.:

→ GPS-Daten aller beschriebenen Örtlichkeiten

→ Stadtplan als GPS-PDF

→ Verlauf der Stadtspaziergänge

Viele reisepraktische Infos | Sorgfältige Beschreibung der interessantesten Sehenswürdigkeiten | Historische Hintergründe Geschichte der Stadt | Detaillierte Stadtpläne Empfehlenswerte Unterkünfte | Restaurants aller Preisklassen Erlebnisreiche Stadtrundgänge

Mit City-Faltplan zum Herausnehmen | 156 / 144 Seiten

077no Abb.: hj

Schreiben Sie uns

Dieses Buch ist gespickt mit Adressen, Preisen, Tipps und Daten. Unsere Autoren recherchieren unentwegt und erstellen alle zwei Jahre eine komplette Aktualisierung, aber auf die Mithilfe von Reisenden können sie nicht verzichten. Darum: Teilen Sie uns bitte mit, was sich geändert hat oder was Sie neu entdeckt haben. Gut verwertbare Informationen belohnt der Verlag mit einem Sprachführer Ihrer Wahl aus der Reihe „Kauderwelsch".

Kommentare übermitteln Sie am einfachsten, indem Sie die Web-App zum Buch aufrufen (siehe Umschlag hinten) und die Kommentarfunktion bei den einzelnen auf der Karte angezeigten Örtlichkeiten oder den Link zu generellen Kommentaren nutzen. Wenn sich Ihre Informationen auf eine konkrete Stelle im Buch beziehen, würde die Seitenangabe uns die Arbeit sehr erleichtern. Unsere Kontaktdaten entnehmen Sie dem Impressum.

⌂ *Produkte aus Sanddorn sind beliebt und in verschiedenen Varianten zu haben*

Impressum

Hans-Jürgen Fründt

InselTrip Norderney

© REISE KNOW-HOW Verlag
   Peter Rump GmbH 2015
2., neu bearbeitete und
   aktualisierte Auflage 2020

Alle Rechte vorbehalten.

ISBN 978-3-8317-3372-9

Printed in Germany

Druck und Bindung:
   mediaprint solutions GmbH, Paderborn

Herausgeber: Klaus Werner, Ulrich Kögerler
Layout: amundo media GmbH (Umschlag, Inhalt),
   Peter Rump (Umschlag)
Lektorat: amundo media GmbH
Karten: Ingenieurbüro B. Spachmüller,
   amundo media GmbH
Anzeigenvertrieb: KV Kommunalverlag GmbH &
   Co. KG, Alte Landstraße 23, 85521 Ottobrunn,
   Tel. 089 928096-0, info@kommunal-verlag.de
Kontakt: Osnabrücker Str. 79, 33649 Bielefeld,
   info@reise-know-how.de

Alle Angaben in diesem Buch sind gewissenhaft geprüft. Preise, Öffnungszeiten usw. können sich jedoch schnell ändern. Für eventuelle Fehler übernehmen Verlag wie Autor keine Haftung.

Norderney mit PC, Smartphone & Co.

QR-Code auf dem Umschlag scannen oder **www.reise-know-how.de/inseltrip/norderney20** eingeben und die **kostenlose Web-App** aufrufen (Internetverbindung zur Nutzung nötig)!

★Anzeige der Lage und Satellitenansicht aller beschriebenen Sehenswürdigkeiten und weiterer Orte
★**Routenführung** vom aktuellen Standort zum gewünschten Ziel
★**Exakter Verlauf** der empfohlenen Wanderungen
★**Updates** nach Redaktionsschluss

GPS-Daten zum Download

Die GPS-Daten aller Ortsmarken und Wanderungen können hier geladen werden: www.reise-know-how.de, dann das Buch aufrufen und zur Rubrik „Datenservice" scrollen.

Inselplan für mobile Geräte

Um den Inselplan auf Smartphones und Tablets nutzen zu können, empfehlen wir die App „Avenza Maps" der Firma Avenza™. Über die Funktion „Store" kann die „Islandmap Norderney 2020" kostenlos geladen werden.

Zeichenerklärung

⑪	Sehenswürdigkeit
[C2]	Verweis auf Planquadrat im Insel-Faltplan
✚ ⊙	Arzt/Krankenhaus
Ⓑ	Bushaltestelle
⌓	Golfplatz
ⅱ ⅉ	Kirche, Kloster
Ⓟ	Parkplatz
⌲	Strand
●●●	Wanderung 1 (s. S. 61)
●●●	Wanderung 2 (s. S. 63)
●●●	Wanderung 3 (s. S. 64)
↑	Windrad

Symbole in den Stadtplänen

ⅱ	Kirche
⊠	Post
★	Sehenswürdigkeit
●	Sonstiges
■	Einkaufen, Sonstiges
■	Übernachtung/Unterkunft
■	Essen und Trinken
■	Nachtleben
■	Aktiv

Diesem InselTrip-Band wurde hier ein herausnehmbarer Faltplan beigefügt. Sollte er beim Erwerb des Buches nicht mehr vorhanden sein, fragen Sie bitte bei Ihrem Buchhändler nach.

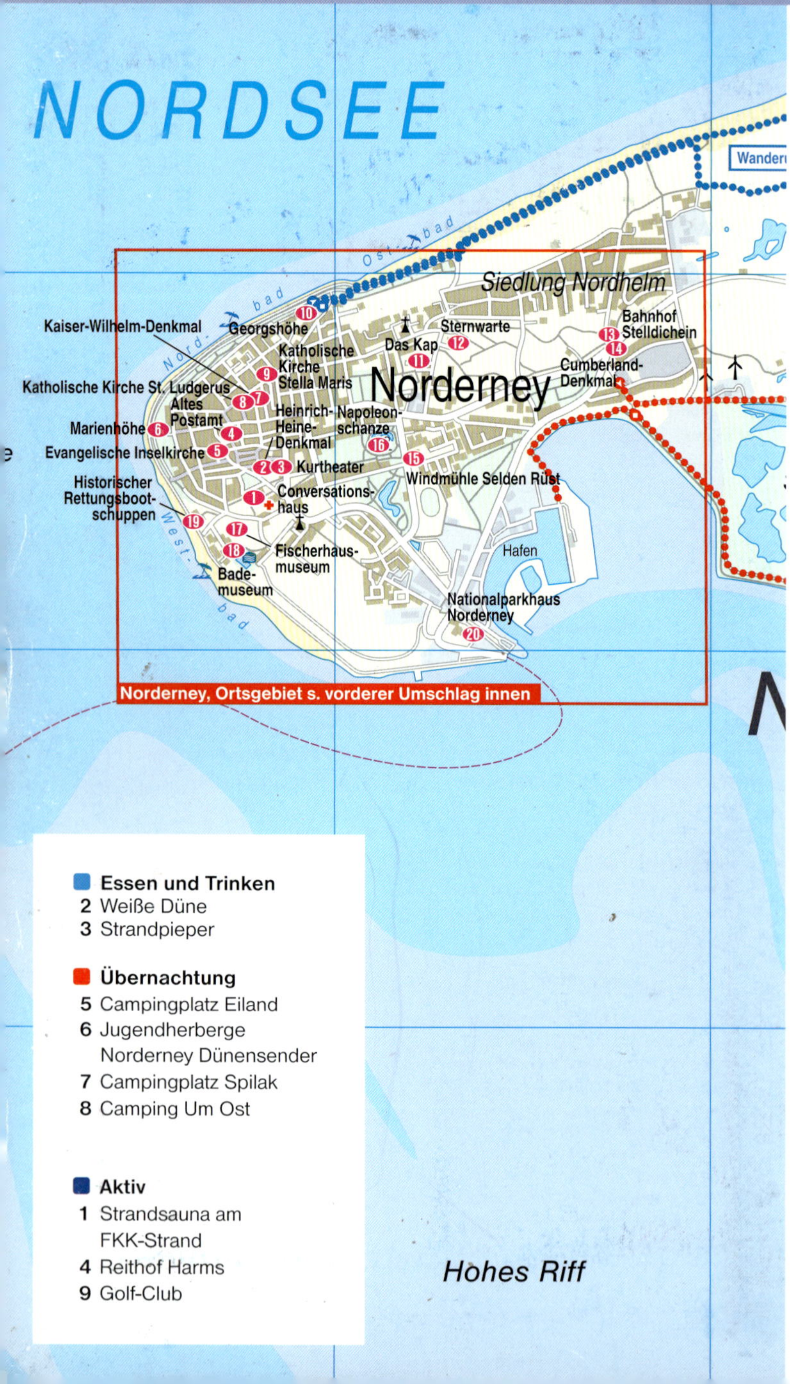

NORDSEE

Wander

Siedlung Nordheim

Kaiser-Wilhelm-Denkmal

Georgshöhe ⑩

Sternwarte

Das Kap ⑪ ⑫

Bahnhof ⑬ Stelldichein ⑭

Katholische Kirche Stella Maris ⑨

Norderney

Cumberland-Denkmal

Katholische Kirche St. Ludgerus
Altes ⑧⑦ Postamt

Heinrich-Heine-Denkmal

Napoleon-schanze

Marienhöhe ⑥

⑯

Evangelische Inselkirche ④ ⑤

② ③ Kurtheater

Windmühle Selden Rüst ⑮

Historischer Rettungsboot-schuppen

① Conversations-haus

⑲ ⑰

Fischerhaus-museum

Hafen

⑱ Bade-museum

Nationalparkhaus Norderney ⑳

Norderney, Ortsgebiet s. vorderer Umschlag innen

N

■ Essen und Trinken
2 Weiße Düne
3 Strandpieper

■ Übernachtung
5 Campingplatz Eiland
6 Jugendherberge
   Norderney Dünensender
7 Campingplatz Spilak
8 Camping Um Ost

■ Aktiv
1 Strandsauna am
   FKK-Strand
4 Reithof Harms
9 Golf-Club

Hohes Riff